ビジネスエリートが知っている

教養としての紅茶

井草苗

JN062040

あさ出版

インド産の紅茶

ダージリン
ファーストフラッシュ

➡ P.120

ダージリン
セカンドフラッシュ

➡ P.120

ダージリン
オータムナル
フラッシュ

➡ P.120

シッキム

➡ P.122

アッサム

➡ P.124

ニルギリ

➡ P.126

ドアーズ

➡ P.127

スリランカ産の紅茶

ルフナ

➡ P.131

サバラガムワ

➡ P.132

キャンディ

➡ P.133

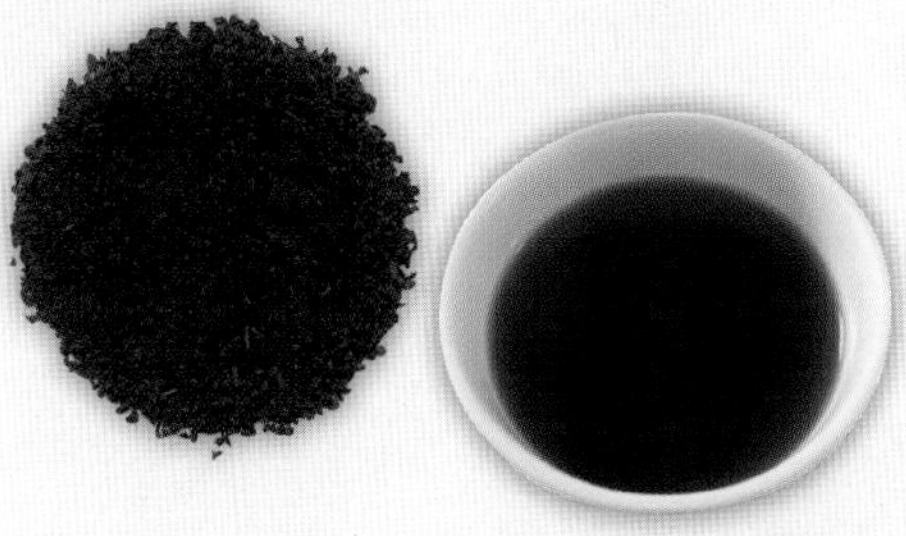

ディンブラ

➡ P.134

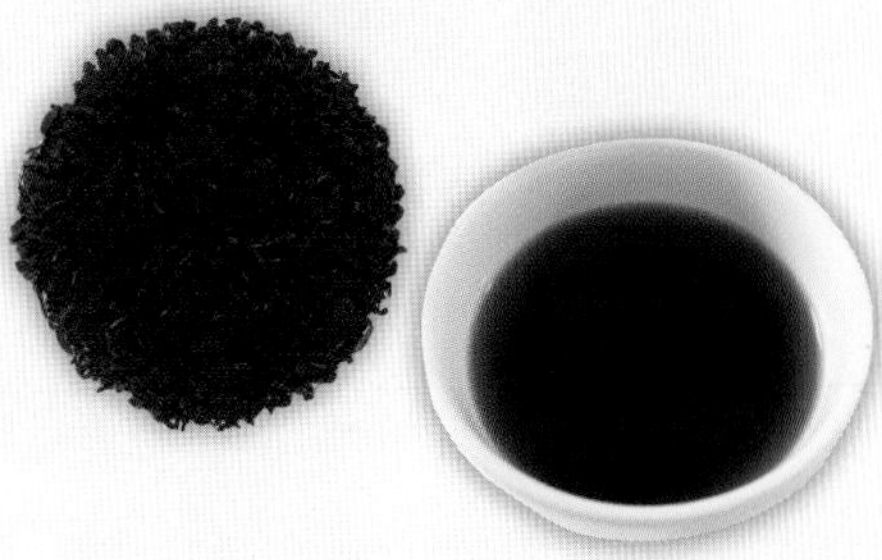

ウバ

➡ P.135

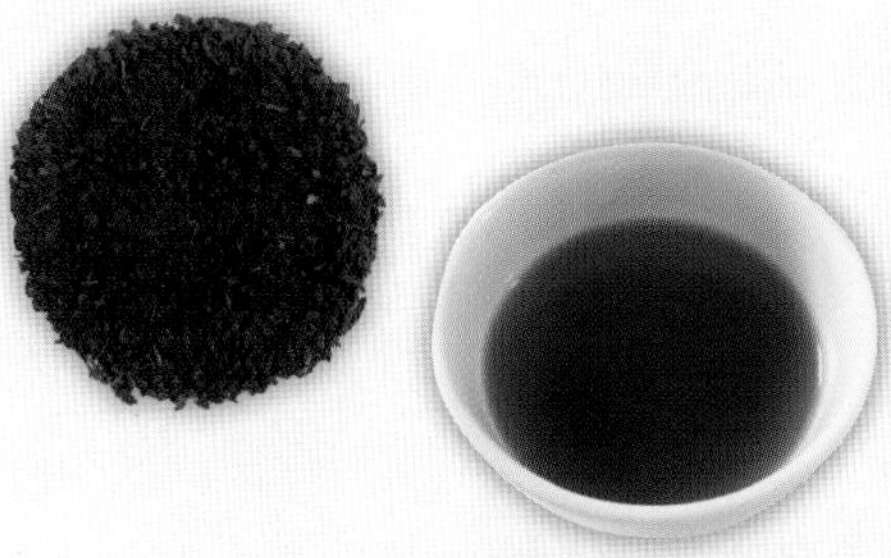

ヌワラエリヤ

➡ P.136

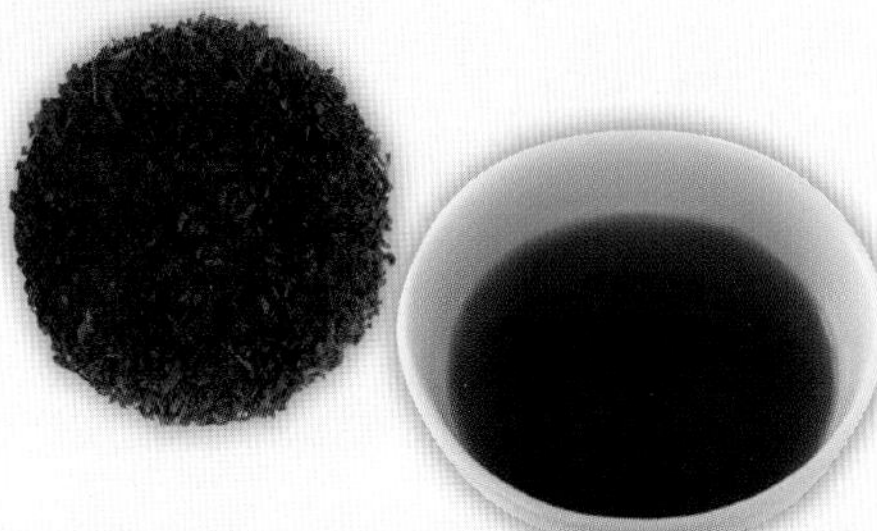

ウダップセラワ

➡ P.137

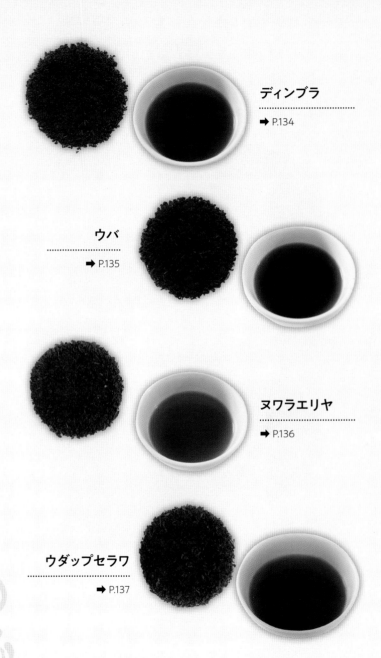

アフリカ産の紅茶

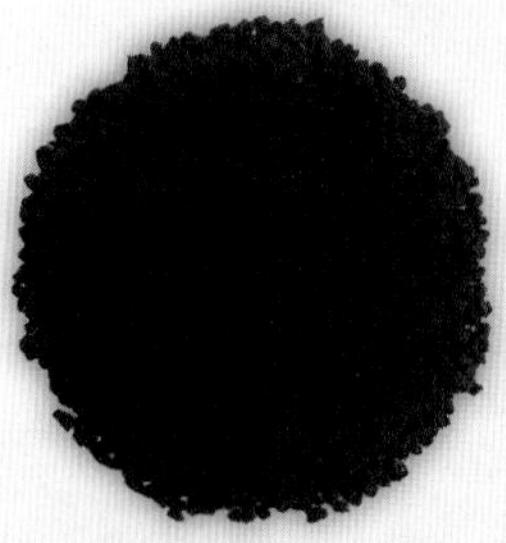

ケニア

➡ P.140

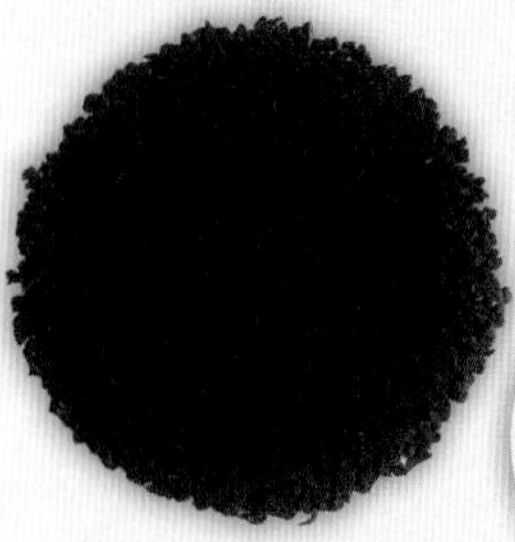

タンザニア

➡ P.142

マラウイ

➡ P.143

ウガンダ

➡ P.144

ルワンダ

➡ P.145

中国産の紅茶

祁門

➡ P.148

雲南

➡ P.149

正山小種

➡ P.150

その他の地域の紅茶

インドネシア

➡ P.154

ネパール

➡ P.155

バングラデシュ

➡ P.156

トルコ

➡ P.157

ロイヤルアスコット競馬

➡ P.62

チェルシーフラワーショー（上部）と
ウィンブルドン選手権（下部）

➡ P.60
➡ P.64

社交行事

ティーダンス

➡ P.72

ヘンリーロイヤル
レガッタ

➡ P.69

クリブデン（上）と
オークレーコート（下）

➡ P.213

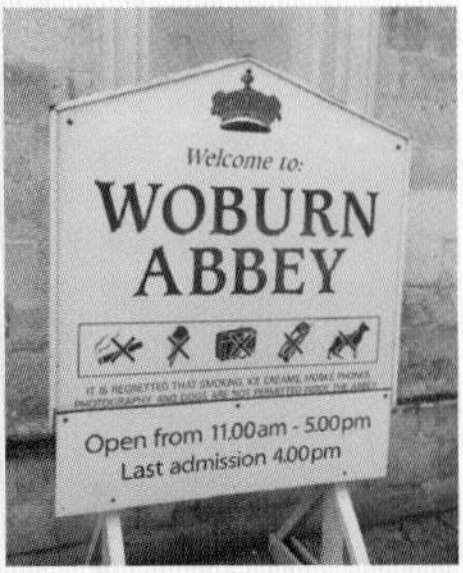

ウォーバンアビー

➡ P110

アーケードとボー・ブランメル像

ピカデリーアーケード（左上）と
バーリントンアーケード（左下）、
ボー・ブランメル像（右側）

➡ P.208

はじめに

　現在、ティーは世界で水の次に最もよく飲まれている飲み物とされます。その理由の1つに、原材料である茶葉がもたらす効能があげられます。

　また、イギリスでは大切な人と「ティータイムを共にする」という社交文化が古くから引き継がれています。世界大戦中には茶葉の「買い占め」や「配給」といったスタイルにより途切れることはなく、戦場に向かう戦士たちがマグカップを片手に列車に乗り込む資料写真も残されています。

　さらにコロナ禍でロックダウン下にあったイギリスでは、食糧品店や薬局などの限られた店舗のみが営業を許されていました。その中でも特に、茶葉の需要が増して品薄になったことが話題になりました。イギリスの紅茶文化は時代を超え、また「流行」や「ブーム」などの枠を超え、根強く浸透しているのです。

イギリスでは日常はもちろん、ビジネスシーンでもティータイムは重要視されています。近年グローバル化がますます進み、世界の色々な国の企業の方々とビジネスをする機会も増えてきました。ビジネスシーンにティータイムを取り入れることで仕事の円滑化を図ったり、異なる文化や背景を持つ人々がお互いを理解するのに役立っています。

初めて紅茶の学習を始めようと私の元へお越しくださる方に「お好きな紅茶は何ですか？」とお尋ねすることがあります。すると多くの方が〝ダージリン〟や〝アッサム〟のような日本でお馴染みの産地の紅茶や〝アールグレイ〟のように有名なフレーバードティーの名をあげられます。「普段自分が飲んでいる紅茶の種類が何か分からず単に〝紅茶〟として飲んでいます」と仰る方も珍しくありません。

紅茶にはたくさんの産地・種類があり、産地ごとに異なる香味の特徴があります。また、紅茶の世界に足を踏み入れると、紅茶そのものだけでなく、茶器やティータイムのマナー、アンティーク、インテリアまで、多岐にわたる分野に視野が広がります。

本書では、紅茶についてあまりご存知でない方もビジネスシーンで紅茶をお楽しみいただけるように、基礎知識を幅広く、そしてポイントを簡潔にご案内しております。

また、本場の紅茶文化を身近に感じていただけるように、在英18年の筆者が実生活で体験したエピソードもあわせてご紹介しております。イギリスの日常生活や社交行事などに関する豆知識を備えておかれますと、ビジネスの場におけるティータイムをスマートに盛り上げる気の利いた会話をご提供できるようになるでしょう。

さらに、イギリスでは様々なシーンで場に応じた「ドレスコード」を合わせることもマナーとして非常に重要視されています。ティータイムが組み込まれた「社交行事」が接待の場に使われることもありますので、海外出張や赴任の際にそのような機会があった場合に役立つ、伝統的で格式高いファッションに関する基本的な知識についてもお話させていただきます。

ヴィクトリア時代（1837〜1901年）に全盛期を迎えた貴婦人たちのアフタヌーンティーは、美味しい紅茶やティーフーズと共に、マナーや教養を楽しむ社交の場でもありました。そして女性のティータイムに同席できることが、「紳士としての嗜《たしな》み」とされていました。紅茶文化に関する教養は、日常だけでなくビジネスシーンにおいても、生涯の財産となると考えています。大切な方々とのティータイムをお楽しみいただくためのご参考になれば幸いです。

CHAPTER ★ 1

イギリスでの紅茶の嗜み方

CHAPTER★2

紅茶の基礎知識・1 ～茶葉～

茶の歴史

CHAPTER★3

紅茶の基礎知識・2 〜産地と歴史〜

CHAPTER★4

知っておくと一目置かれる英国式マナー

CHAPTER★5
ビジネスシーンでも役立つ紅茶の淹れ方とアレンジ

CHAPTER★6

教養人なら知っておきたいティーカップ&ソーサーの基本

CHAPTER ★ 1

イギリスでの紅茶の嗜み方

イギリスのティータイム

イギリス人にとっての紅茶

イギリスでは、朝、昼、夜を問わず、1日に何度も紅茶を飲む習慣があります。起床した時にも、ちょっとした仕事の合間にも、眠る前にも、朝から夜までのひと区切りを紅茶と共に過ごします。

また、良いことがあった時も、不快に感じることがあった時も、「ティーでも飲みましょう」となるのは自然な流れです。手持ち無沙汰に感じた時に「スマートフォンを見る」という方もいらっしゃるかと思いますが、イギリス人の多くはキッチンへ紅茶を淹れに行き、時間さえあれば1日中紅茶を飲んでいるという方も少なくありません。

もちろんコーヒーもよく飲まれる人気の飲み物ですが、イギリスでの主役の飲み物はいつも紅茶です。2022年6月、イギリスはエリザベス女王2世の即位70周年を祝うプラチナム・ジュビリー（70周年の記念式典）で賑わいました。多くの祝賀記念品が各メーカーから販売されましたが、そのほとんどが紅茶や茶器、茶道具、ビスケットなど、ティータイムにまつわるもので、記念グッズや関連イベントなどを含めるとプラチナム・ジュビリーの経済効果は日本円で1兆円に上ったと言います。

また、祝賀コンサートで放映された女王陛下とパディントンベア（イギリス人作家マイケル・ボンドの児童文学作品に登場するキャラクター）とのティーシーンも話題になりました。英国王室の方々が参列される式典やパレードも開催され、見学に伺った際、偶然お隣に居合わせた方が「今この時間にティーでも飲めたら最高だわ」と仰るのを聞き、つくづくイギリスらしいと感じました。

イギリスのティータイムといえば、豪華なアフタヌーンティーを連想する方が多いかもしれません。実際にはそれだけでなく、「お茶にしましょうか？」と台所から聞こえてくるような家庭的で素朴なティータイムや、マグカップで飲む仕事の合間のリフレッシュするためのティータイムなど、様々なお茶のシーンが日常生活に溶け込んでいます。

意外に思われるかもしれませんが、イギリスで消費される紅茶の96パーセントは、ティーバッグです。日常のティータイムでは、スーパーで売られているようなティーバッグをマグカップに入れたまましっかりと濃く抽出したミルクティーがよく飲まれています。

また、「紅茶通」の方はシーン別に茶葉の種類を替えて飲み分けるのですが、ほとんどのイギリス人はお気に入りのメーカーのティーバッグを「一箱420袋入り」などのように大容量で購入しますし、紅茶の産地にこだわらない方も多くいらっしゃいます。

「ティータイム」という言葉

イギリス人にとってティータイムという言葉は、「紅茶を飲む」ことだけに限らず、「食事をする」ことを意味する場合もあります。これはイギリス全土で言えることですが、特にスコットランドやイングランド北部では夕食のことを「ティー」と呼びます。

例えば、イギリスの伝統料理にロースト料理があります。ロースト料理にはローストディナーやクリスマスディナーがありますが、実はどちらも昼食にいただくものなのです。

また、日曜日のお昼にいただくロースト料理はサンデーローストやサンデーディナーと言います。イギリスで初めてサンデーディナーのお誘いをいただいた時に、ディナーというからには〝夜〟とばかり思っていたのですが、時間を聞いて混乱してしまいました。その時に、「ディナー」という言葉は食事をする時間で決まるのではなく、「その日のメインの食事」を意味するのだと学びました。ちなみに、学校給食のことは、スクールディナーと呼びます。

一方ティーは、お昼にディナーをいただいた日の夕方に摂る軽い食事のことを意味します。ただし、スコットランドやイングランド北部では、通常のしっかりとした夕食でもティーと呼びます。

「ティーにいらっしゃいませんか？」とお誘いを受けた時に、いわゆる〝お茶〟にお招きいただいたのかと思ったらお料理がたくさん用意されていたという経験をして、今まで知っていたのとは別のティーの意味があったことを知りました。慣れてしまえば曜日や時間帯、季節などからおおよそ判断ができるようになるのですが、慣れるまでは日常生活の中で戸惑うこともありました。

朝食とティータイム

朝食の「ブレックファスト」は、fast（断食）をbreak（破る）の言葉が意味するように、夕食から朝食までの長い断食をやめて、朝起きて食べる食事ということで各地域で共通しています。

フル・イングリッシュブレックファスト

イギリスの伝統的な朝食であるフル・イングリッシュブレックファストは、フルーツやヨーグルト、チーズやハムなどから始まり、卵料理（スクランブルエッグ、目玉焼き、ポーチドエッグなど）、ベーコン、ソーセージ、ブラックプディング、焼きトマト、マッシュルームソテー、ベイクドビーンズ、ハッシュドポテトに、カリカリに焼いたトーストやペイストリー付き、というのが定番メニューです。

ブラックプディングとは、豚や牛のひき肉と血にオートミールなどの穀物、スパイスを混ぜたソーセージです。プディングというと、デザートのプリンをイメージしそうですが、本来プディングは小麦粉などの穀物にバターなどの油分と牛乳などを加え加熱処理して固めた料理を指します。日本でお馴染みのカスタードプディングも、プディングの一種です。

フル・イングリッシュブレックファストは、すべての食材に火を通すことから「フライアップ」とも呼ばれます。

フル・イングリッシュブレックファストの歴史は、中世のジェントリーによって始められました。

ジェントリーとは、当時のイギリスの階級の1つです。大きく上流階級、中産階級、労働者階級に分類し、上流階級をさらに王族、貴族階級、地主階級に分類しました。ジェントリーは、上流階級下層に位置する地主階級にあたります。

現在、イギリスの食事は基本的に1日3回ですが、当時は朝食と夕食の2回で、朝食は一般的に朝10時半や朝11時頃、通常はパンとエール（ビールの一種）が中心で、チーズやハムが加えられることもありました。

貴族階級やジェントリーの婚礼儀式の際には、豪華な朝食が食べられていました。新婚夫婦は結婚式の前には断食し、儀式を正午までに執り行い、そして儀式の後に牧師が新婚夫婦や参列者に祝福としてご馳走を配りました。これは現代の結婚披露宴に相当するもので、新郎新婦が最初に一緒に食べた朝食はWedding Breakfast《ウエディング・ブレックファスト》と呼ばれました。この言葉は今でもイギリスで使用されていますが、最近はフレキシブルになり、時刻にかかわらず式典後の最初の食事である限りウエディング・ブレックファストと呼ばれます。

なお、イギリスの老舗デパート「フォートナム＆メイソン」は、２０１１年のウィリアム王子とキャサリン妃のご婚礼を記念したブレンド紅茶「Wedding Breakfast」を販売しています。

また貴族は狩猟を趣味として楽しんでいました。ジェントリーは、朝食を狩猟に行く前に食べる１日で最も重要な食事と考えていました。自分たちの領土で採れた新鮮な野菜や肉を使ったボリュームたっぷりのフル・イングリッシュブレックファストを、親戚や仲間に振る舞うことも楽しんでいました。朝食のテーブルにはたくさんの銀やガラス製品を飾ってゲストをもてなし、最新情報を得られるように新聞が用意されました。現代でもイギリスでは、朝食に限り、食卓で新聞を広げることは社会的に受け入れられています。

ヴィクトリア時代に入る頃にはジェントリーは衰退し、商人や実業家などを含む裕

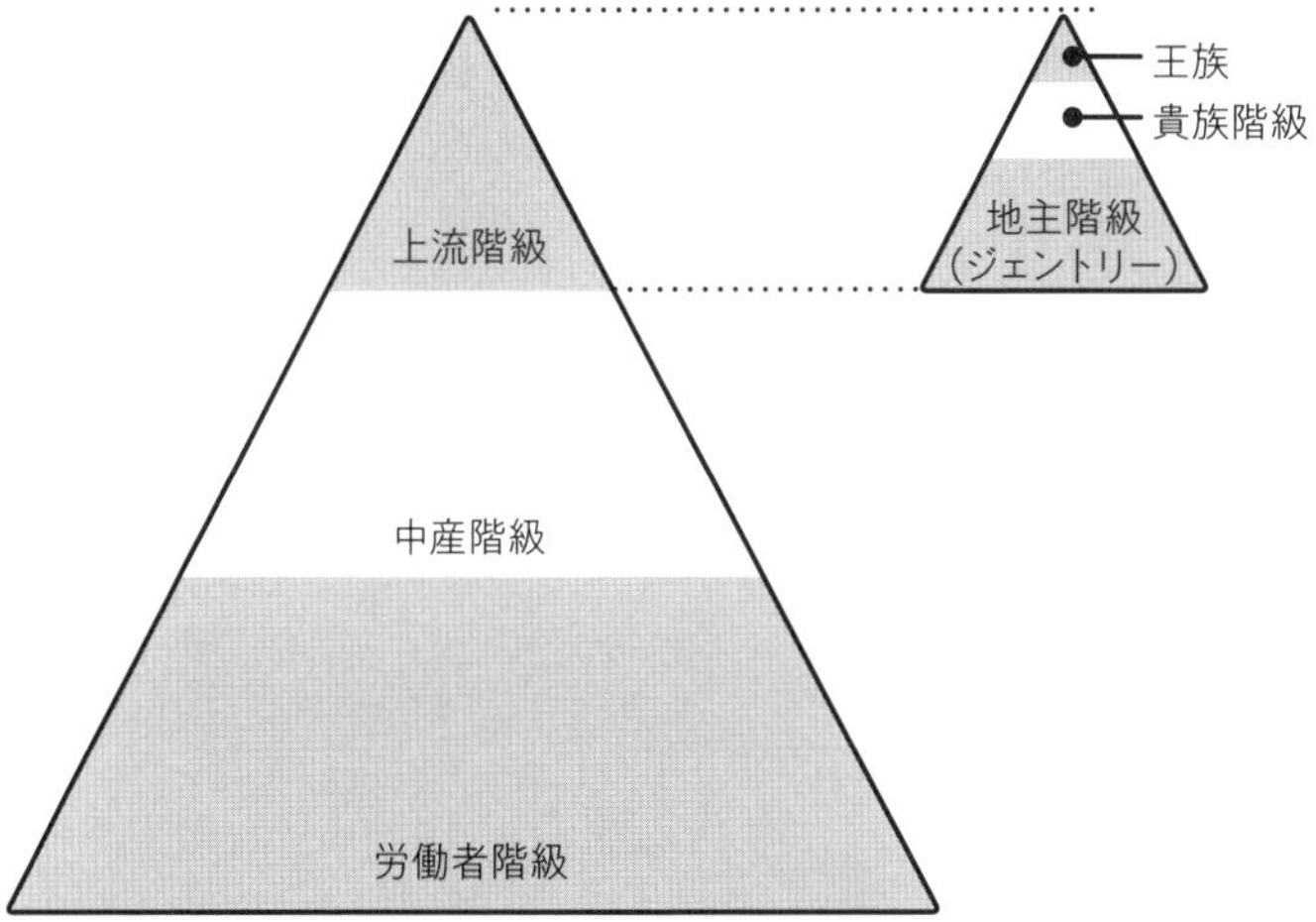
王族
貴族階級
地主階級
(ジェントリー)
上流階級
中産階級
労働者階級

中世のイギリスの階級

福な階級が誕生しました。産業革命により経済力を付けた人々はジェントリーの伝統や考えを見習い、フル・イングリッシュブレックファストの習慣も取り入れました。

エドワード時代（1901〜1910年）にホテルや列車内などでフル・イングリッシュブレックファストが提供されるようになると全国的に急速に広まり、裕福な人々のためだけの食事ではなくなりました。次第に中産階級から労働者階級にも広がり、「Greasy《グリーシー》 Spoon《スプーン》」のような飲食店で提供されるようになりました（「Greasy Spoon」は直訳すると「脂っぽいスプーン」ですが、いわゆる大衆食堂です）。最近は少なくなりましたが、今日ではイギリスのホテル、ベッド&ブレックファストなどの宿泊施設、パブやレストランなどの飲食店で伝統的なフル・イングリッシュブレックファストが提供され、朝に限らず1日中提供しているところもあります。

また、地域ごとの特徴を楽しむことができます。基本的にはイングリッシュブレックファストと似ていますが、例えばスコットランドではタッティースコーン（ポテトのスコーン）やローンソーセージ（ひき肉にラスクとスパイスを混ぜて焼いたもの）、ホワイトプディング（ブラックプディングの血を含まないもの）が伝統です。

アイルランドでは、ソーダブレッドが特徴的です。ソーダブレッドとは、重曹で膨らませるパンで、他にポテトファールズ（ポテトのパン）やボクスティ（ポテトのパンケーキ）が出されることもあります。

またウェールズは地元産食材の使用にこだわり、ラヴァーブレッド（海藻を混ぜたパン）やペンクラウドコクルズ（ウェールズ原産の貝）を使った料理も特徴です。

日常のブレックファスト

イギリス人が毎朝家でイングリッシュブレックファストを食べているわけではありません。イングリッシュブレックファストは、旅行先のホテルの朝食などで提供されます。現代のイギリスでは、普段はトーストやシリアル、オートミールに牛乳を加えて煮たポリッジなどで軽く済ませる方が多く、１９００年から2年間ロンドンに官費留学していた夏目漱石も、留学中は朝食にポリッジを食べていました。

イギリスの伝統的な朝食には、ケジャリーやキッパーもあります。

ケジャリーはヴィクトリア時代、イギリスが支配していたインドから持ち込まれ、朝食として広まりました。コダラ（北大西洋に生息するタラ科の海水魚）の燻製、バスマティ米（インディカ米の最高級品種）、ゆで卵、バター、レモン、パセリを使用して作るピラフのような料理です。

キッパーは、ニシンを開いて塩漬けにして燻製させたもので、トーストにもよく合

上から、ポリッジ（写真：Masha Avena/Shutterstock.com）、ケジャリー（写真：Sergii Koval/Shutterstock.com）、キッパー（写真：Palu_Brighton/Shutterstock.com）

います。

イギリスの食パンと紅茶

イギリスの食パンは、日本の食パンより薄く、トーストしてカリカリになったところにバターやジャムなどを塗って食べるのが一般的です。日本に住んでいた頃、イギリスパンという名のフワフワの山型食パンが好きだったので、イギリスではこのようなふわふわの食パンがたくさん食べられるのかと想像していました。

しかし実際にイギリスに住むと、イギリスには日本で食べたイギリスパンはなく、驚いたことを覚えています。

イギリスでは小麦粉で作られた食パンはホワイトブレッドと言い、全粒粉で作られた食パンはブラウンブレッドと言います。

薄切りか厚切りかの選択肢はあるのですが、日本で言う8枚から12枚切りに近い厚みで、厚切りといっても薄めなのです。日本で食べたイギリスパンのように、型に入れて蓋をせず焼いて上部がふっくらと山型になっているパンもありますが、やはり日本のような〝外側はサクサク中はふんわり〟とは違います。

初めはこの薄さと食感に慣れず、日本のパンが懐かしくなることがよくありました。

しかし、慣れると美味しく、このカリカリとした食パンが紅茶が美味しく感じさせることに気づきました。イギリスで好まれるのは、紅茶が進むパンなのです。

イギリスの食パンが薄いのは、パンを切る機械がなかった時代、包丁で柔らかいパンを薄くスライスするのは至難の技ですから、〝我が家にはこんなにパンを薄く切れるほど腕の良い料理人がいる〟ことを誇示し、薄さを競ったからだと言われています。

ベッドで朝食を

ベッドの中で朝食を食べると言うと驚かれるかもしれませんが、これは「アーリーモーニングティー」と言い、イギリスでは伝統的なティータイムの1つです。

19世紀の裕福な家庭で、使用人に指定した時間にベッドまで紅茶を運ばせていたのが始まりで、カリカリに焼いたトーストとバターなどが添えられます。

現代では、レディーファーストを重んじるイギリス人男性が、休日や記念日などに妻や恋人にアーリーモーニングティーを運ぶ習慣に変化しています。

また「あらかじめお願いしておくとお部屋に届けてくれる」サービスを提供するホテルもあり、アーリーモーニングティーは形を変えて今日に受け継がれています。ベッドでの朝食は、喉の渇きを潤し空腹を和らげるだけでなく、特別な日の朝をゆっくりと楽しむのに最適です。

このように1日の最初にケトルが活躍するのは、朝食の時です。特に朝食時は、新陳代謝を良くして身体全体を目覚めさせるしっかりと濃いブレンドの紅茶が好まれます。

休憩のティータイム

特別なティータイムではなく、短時間休憩する機会です。お好きなティーをビスケットのような焼き菓子と共にいただきます。

伝統的なティーブレイク

ティーブレイクは、約200年前からある伝統です。

当初は、午前5時から午前6時頃に働き始める労働者に対して、雇用主がティーブレイクを許可しました。10分ほどの短い休憩としての伝統的なティーブレイクは、主に午前11時頃と午後3時頃に取られます。午前中のティーブレイクは、1800年代前半の文献にはイレヴナーとして記録され、産業革命の最盛期にイレヴンジズという用語が登場しました。

ヴィクトリア時代に、絶え間ない空腹と栄養失調状態で働く労働者階級の人々の休憩とストレス防止目的で、ヴィクトリア女王の推奨により始まったのがティーブレイクタイムです。

また、王政復古の時世にイギリス海軍の最高権威者まで出世したサミュエル・ピープスの日記には、午前中のリフレッシュの必要性について言及されています。

ティーレディー

第二次世界大戦中には、国民の士気を高めるためにティーレディーが活躍しました。ティーレディーとは、熱い紅茶かお湯の入ったポットとケーキやパンなどをのせたトロリーを押してサービスに回る女性です。工場や病院、軍隊、オフィスなどで、仕事効率を高める良い影響を与えていました。

かつては女性の職業として広く知られ、1970年代から1980年代にかけピークを迎えました。

しかし、民間のケータリング会社や自動販売機に取って代わられ、減少していきました。

私がイギリスに移住した2005年当時には、ティーレディーがオフィスにいらっしゃるという話は時々耳にしましたが、最近ではほとんど聞くことはなくなりました。

現代のティーブレイク

最近では、日常生活の中でイレヴンジズを用語として耳にすることはほとんどありませんが、習慣そのものは根強く残っています。近年の研究では、イギリスの労働者は職場でのティーブレイクに1日平均24分を費やすと報告されています。

イギリスでは、2011年に「法定定年年齢」が廃止され、定年年齢による解雇を原則として禁止しています。そのため、従業員は自らリタイアを決めるまで働くことができます。

すると、「1日平均24分のティーブレイクを生涯に換算した場合約190日間も占める」そうです（ローサポートグループの報告によると）。ティーブレイクは、どのように従業員の時間を有効活用し、生産性を上げているのでしょうか。

この点については、大きく2つのポイントがあるとされています。1つは、座りっぱなしの防止、もう1つは同僚たちとの短い会話によるリフレッシュです。

デスクの脇にコップ1杯の水を置いて仕事を続けることもできますが、ティーブレイクによってオフィスでの座りっぱなしを防ぐことができます。

スクリーンの前に座って同僚と電子メールを送り合うだけでなく、デスクを離れて短い会話をすることでリフレッシュができると考えられています。この時の紅茶は個々に好きなものが飲まれ、通常はビスケットのような軽食と一緒に楽しみます。

もちろん、誰もが紅茶好きというわけではありませんから、他の種類のお茶やコーヒー、フルーツやハーブなどの飲み物でブレイクする方もいらっしゃいます。

知人の会計士のオリバーさんは、普段から紅茶とコーヒーの両方を飲まれます。一体どのように飲み分けていらっしゃるのか伺ってみたところ、「急ぎ作成しなければならない書類がある時や大事な会議の前などはコーヒーを、ひと段落して安らぎがほしい時は紅茶を飲みたい気分になる」のだそうで、ティーブレイクのスタイルも人それぞれです。

職場に限らず、ご家庭でも朝のひと仕事や家事を終えて気分転換をしますし、ご近所の方を招待してカジュアルに楽しむこともあります。午前中にお隣のクリスティンさんのお宅からケーキを焼く美味しそうな香りが漂ってくることがあるのですが、クリスティンさんは、「午後のティータイム用のお菓子を午前中に仕込んでおくのよ」と仰います。

イギリスではビスケットの種類も非常に多く、スーパーマーケットなどでも手軽にビスケットやケーキを購入できるのですが、英国菓子はお菓子作り初心者でも比較的お手軽に作ることができるのも特徴です。

またホームメイドの美味しさは格別ですので、クリスティンさんのお宅はリタイアされたご主人とのティータイムをゆっくりと楽しまれるのだそうです。

ダンキング

日本では、ビスケットとクッキーという2つの呼び方があります。一方、イギリスではビスケットと言います。

さらに、ビスケットをミルクティーに浸す食べ方を「ダンキング」(浸す)と言います。

別々でももちろん美味しいのですが、数秒間ダンキングすることにより相乗効果でビスケットとミルクティーが一層美味しく感じられます。サクサクのビスケットが柔らかくなるうえ、甘さと素朴さが増し、ミルクティーにはビスケットの甘さが溶け出して香味の変化が起こるのです。

ビスケットのパッケージにダンキングの画像がプリントされている商品もあり、プレーンなビスケットに限らず、チョコレートや砂糖、ジャムなどが付いたビスケットも、それぞれ溶け出した甘みを楽しみます。

さらに、イギリスの公的機関の英国物理学会は、どのビスケットがダンキングに適しているかを実験し、ランキングを発表しています。

主に耐久性や吸水性などに着目し、科学的に調査されていて、イギリス人の紅茶とダンキングに対するこだわりが感じられます。

ただし、これはご自宅での楽しみ方です。ホテルや、よそのお宅にお邪魔した時は避けましょう。

また、イギリスのお菓子メーカー〝McVitie's《マクビティ》〟の調査によると、イギリス人の5人に1人が職場のティーブレイクでダンキングすることはマナー違反であると考えています。

ダンキングは、16世紀のイギリス海軍で配給されていたハードタック（堅パン＝堅く焼き固めたビスケットの一種）が始まりです。ハードタックは長距離の航海の際の栄養補給に役立ち、何年も保存できるように極力堅く焼かれました。あまりに堅かったため、ビールや海水に浸して柔らかくして食べたのが、ダンキングの始まりとされています。

クリームティー

ティーブレイクを英国式に楽しむ方法の1つに「クリームティー」があります。クリームティーというと「紅茶にクリームを入れたもの」をイメージされる方もいらっしゃるのですが、そうではありません。イギリスのティータイムの定番メニューで、ティーポットにいっぱいの紅茶、たっぷりのクロテッドクリームと苺ジャムが添えられたスコーンがセットになったものです。

クロテッドクリームは、2000年ほど前にフェニキア（現在のシリア、レバノン、イスラエル北部の地中海東岸）からの入植者によってイギリスに紹介されたと考えられている伝統的なクリームです。〝Clotted《クロテッド》〟には「凝固した」という意味があるように、液体を取り除き脂肪分を凝固させることで牛乳が保存されていました。

クロテッドクリームの産地として有名なのがイギリスの南西部コーンウォール半島のデヴォンとコーンウォールです。どちらもジャージー牛の飼育が盛んで、乳製品の美味しさが評判の地域です。脂肪分の高いジャージー牛乳を弱火で煮詰め、ひと晩おいて上澄みに固まった脂肪分を集めたクリームを、ジャムと共にスコーンにのせていただきます。

デヴォン産のクロテッドクリームはデヴォンシャークリーム、コーンウォール産のクロテッドクリームはコーニッシュクリームと呼ばれ、それぞれ違う風味のクリームを味わうことができます。

特別なティータイム

イギリスの喫茶文化は上流階級社会から広まり、やがてアフタヌーンティーという特別なティータイムが誕生しました。現代ではより日常的になり、ティールーム独自のスタイルで提供されています。

アフタヌーンティー

イギリスといえば、〝毎日のように優雅にアフタヌーンティーをしている〟といったイメージをお持ちの方もいらっしゃるかもしれません。実は、昔は私もその一人でしたが、それをイギリスの方にお話しすると、「それは私たちが〝今も日本に侍がいる〟と思うのと同じ感覚よ」と言われたことがあります。

アフタヌーンティーは、イギリスのティータイムとして最も優雅で名の知れたもので、特別な日に開催されます。社交の時間だけでなく、友人や家族と一緒にサンドイッチやスコーン、ケーキを紅茶と共にいただき、誕生日や記念日、バレンタインデー、ヘンパーティー（独身最後の女性パーティー）などの特別な機会にも最適です。

アフタヌーンティーという名前から午後2時から午後3時頃をイメージされることがありますが、伝統的には午後4時頃に開催されるものです。

とはいえ、最近ロンドンでは午前11時台から午後7時台まで提供するティールームもありますが、それでも人気のティールームは何か月も先まで予約が取りにくいということも日常茶飯事です。アフタヌーンティーはあくまでもティータイムと考えられていますので、伝統的にはこの後に夕食もいただきます。

しかし皆さんに伺うと、実際には帰宅しても満腹が続き、夕食は食べずにアフタヌーンティーの余韻に浸っていることが多いようです。

夜のティータイム

夕食後、リラックスタイムにもう一度ケトルが活躍します。その日最後の1杯は、夕食の後ダイニングルームからリビングルームに移動して、ゆっくりとした時間を過ごす際に小さなミントチョコレートと一緒にいただくのが人気で、眠る前の大切なリラックスタイムです。フレーバードティーやハーブを使った飲み物もよく飲まれます。

アフタヌーンティーでティーポットに何杯も紅茶をお代わりした日や、帰宅が遅くなった日でも、私は玄関を通り抜けるとまっすぐキッチンに向かいます。

夜のニュース番組を見たり、家族と団らんをしながら過ごします。紅茶を飲みながらほっとため息をつき、１日が静かに締めくくられます。

紅茶の効能

17世紀にイギリスでお茶が売られ始めた頃、「万病に効く東洋の秘薬」として効能を謳い宣伝されていました。紅茶の魅力はその香味だけでなく身体に良いとされる成分も含まれていることで、現在も健康効果の研究が世界各国で進んでいます。ここでは、日常生活の中で上手に取り入れたい紅茶の成分・効能についてご紹介いたします。

紅茶に含まれる主な成分

紅茶には、主にカフェインやタンニン、テアニンなどの成分が含まれます。

カフェイン

同量の茶葉とコーヒー豆を比較すると、紅茶のほうが多くカフェインが含まれています。

しかし、コーヒー豆はカップ1杯当たり、茶葉の約3倍の量が使用されるので、カップ1杯分に換算するとカフェインの摂取量は紅茶のほうが少なくなります。さらに、紅茶を含むお茶のカフェインはコーヒーのカフェインよりゆっくり吸収されるので、カフェイン効果が穏やかに長く続きます。

カフェインには大脳の自律神経の覚醒作用や疲労回復、皮下脂肪の燃焼や新陳代謝を促進する働きがあります。眠気やだるさを軽減し機能を正常に近づけるうえ、摂取後に運動すれば脂肪の排出を促し、ダイエット効果があることも報告されています。

身体に良い作用をもたらすカフェインですが、過剰摂取による中毒症状が懸念されており、摂取量には注意が必要です。

タンニン

タンニンはポリフェノールの一種とされ、身体に良いとされる成分である抗酸化物質を含んでいます。抗酸化物質は、茶の木の若葉や新芽から作られた茶葉に豊富に含まれます。細胞を酸化させて、様々な病気の要因となる活性酸素を抑える働きが報告されています。

また、鉄分の吸収を緩やかにする作用もあるとされています。

タンニンには、カテキンやテアフラビンがあり、紅茶の渋味を感じさせる成分として知られています。

テアニン

テアニンは、アミノ酸の一種です。1949年に日本で緑茶の成分として発見されました。

心身のストレスを軽減し心を穏やかにする作用が確認されています。

また、睡眠の質改善についても報告されており、中途覚醒の減少や起床時の爽快感、熟眠感、疲労回復感の改善が認められています。

さらに、免疫システムを高めたり、カフェインと組み合わせることで脳の反応を促進すると言われています。

テアニンは、紅茶の甘みや旨味となる成分でもあります。

その他の成分

・マンガン…骨の成長と身体の機能維持

・亜鉛…細胞の成長と免疫に重要
・葉酸…ビタミンB_{12}と共に赤血球を作り、細胞の成長を助ける
・カリウム…身体の水分レベルを保つ
・フッ素…歯のエナメル質を強くし虫歯を予防する
・ビタミンB群…皮膚疾患や口内炎を防ぎ、疲労回復やストレス解消に働く

紅茶によって得られる主な効能

紅茶に含まれる成分は心身に働く多くの効能が報告されていますが、個人差がありますので必ず効果があるというものではありません。

また、多量に飲み続けることは避け、お食事時や疲労を感じたタイミングなどで、上手に紅茶を取り入れていきましょう。

リラックス・ストレス解消

紅茶にはリラックス効果があると報告されています。テアニンにリラックスさせる効能がある他、紅茶の持つ植物由来の香りが副交感神経に働きかけ、リラックスでき

るとされています。

集中力と作業効率の向上

カフェインは脳を覚醒させ、集中力向上や気分転換などの効能があり、作業効率の向上に繋がるとされています。

脂質の吸収を抑える

カフェインのダイエット効果については先に触れましたが、同じ茶葉から作られる他のお茶と比較したところ、紅茶に含まれるポリフェノールが最も脂肪の吸収を抑えたという実験結果も報告されています。

免疫力向上

紅茶に含まれるテアフラビンには殺菌作用があり、インフルエンザの感染力を抑える効果が期待できるとされています。

また、カテキンは抗酸化物質とされ、免疫力を高める効果が期待できます。

高血圧予防

リラックス作用をもたらすテアニンは、血圧上昇の抑制作用があるとされています。また、紅茶に含まれるポリフェノールには血管を拡張する作用があり、高血圧予防が期待できるとされています。

血糖値上昇の抑制

炭水化物は酵素によって糖に分解・吸収され、血糖値の上昇を起こします。食事と一緒に紅茶を飲むとポリフェノールによって酵素の活動が抑制され、血糖値の上昇を抑える効果が期待されています。

社交とアフタヌーンティー

イギリスには年間を通して「社交行事」があります。上流階級の人々が使用人と共にカントリーハウス（郊外の邸宅）からロンドンのタウンハウス（町の邸宅）へ移動する際、スポーツイベントや芸術、ファッション、舞踏会などの「社交行事」を通じて交流をします。

基本的にビジネスからは離れたものですが、一部、ビジネスシーンにも活用される場合があります。

例えば、企業などが顧客を接待する場に用いられることもあるため、社交の場で日本のビジネスパーソンをお見かけすることもあります。

イギリスの夏は日が長く、午後8時から午後9時頃まで明るく清々しい季節です。この時季の社交行事で主なものは、チェルシーフラワーショー、ロイヤルアスコット競馬、ウィンブルドン選手権、ヘンリーロイヤルレガッタなど、スポーツの祭典が中心です。

秋になると芸術やファッションの行事、そして冬の社交シーズンでは、晩餐会や舞踏会が開催されます。毎年このようなイベントで顔を合わせ、社交の輪を広げていきます。

晩餐会や舞踏会は夜に始まり深夜や早朝まで続くことが多く、一方、夏季のスポーツイベントなどは午前中から終日開催され、入場するエリアなどによってドレスコードや過ごし方が変わります。いわゆる社交の場と呼ばれるエリアでは、ランチやアフタヌーンティーをいただきながら交流します。

チェルシーフラワーショー

RHS (Royal Horticultural Society:王立園芸協会) が主催するチェルシーフラワーショーは、150年以上もの歴史を持つ世界最古、そして世界最高峰の園芸イベントです。

毎年5月にロンドンのチェルシー地区で開催され、世界トップクラスの園芸家たちが創り上げた美しい作品が広大な会場に展示されます。

チェルシーフラワーショーのティータイム

また、部門ごとにゴールド、シルバーギルト、シルバー、ブロンズの賞が選ばれます。

最近はチェルシーフラワーショーの開催期間中に、チェルシー地区の建物など街中が美しいお花で飾られるチェルシーインブルームも開催され、多くの人が散策に訪れます。

ショーには、英国王室のメンバーも出席され、夏の社交の場の1つです。開催最初の2日間は入場が制限されますが、3日目以降は一般入場が可能になります。

ロイヤルアスコット

ロイヤルアスコットは、6月第3週にイギリスのバークシャー州にあるアスコット競馬場で開催される、英国王室主催の競馬です。1711年にアン女王によって創設されて以来300年以上の歴史を誇る、イギリスで最も人気の競馬イベントの1つです。上流階級ならではの優雅さのある、夏の社交イベントの代表格です。

ロイヤルアスコットといえば、1964年に映画化されたミュージカル『マイ・フェア・レディー』が有名です。オードリー・ヘプバーン扮する下町生まれの花売り娘イライザが、ヒギンス博士から上流階級のレディーに相応しい話し方とマナーを学び、社交界デビューを果たします。劇中で登場するロイヤルアスコットや舞踏会での華やかなシーンが印象的です。

ロイヤルアスコット開催中の5日間には、王室メンバーが観戦にいらっしゃいます。連日王室メンバーを乗せた馬車がウィンザー城から30分ほどパレードをしながら競馬場に向かい、レースコースを一周した後にパドックに到着すると下車されます。イギリスでは、年間のイベントを通して王室メンバーを間近で拝見できる機会が多いので

ロイヤルアスコットのティータイム

すが、ロイヤルアスコットもその1つです。

2019年まではエリザベス女王も連日観戦されていました。2020年はパンデミックにより史上初の英国王室メンバー不在、そして無観客で開催されましたが、2021年は最終日のみエリザベス女王がいらっしゃり、お元気なお姿を間近で拝見することができました。この年は入場をわずか1万2000人に限定し、入場に際して新型コロナの陰性証明が義務付けられていました。残念ながら2022年は、エリザベス女王は競技場にいらっしゃらなかったのですが、ウィリアム王子キャサリン妃ご夫妻、ベアトリス王女（エリザベス女王の次男アンドルー王子とサラ・ファーガソン元妃の長女）など多くの英国王室メンバーにお会いすることができました。

ロイヤルアスコットは、いわゆる社交の場とされるロイヤルエンクロージャーの他、一般公開されているクイーンアンエンクロージャー、ヴィレッジエンクロージャー、ウィンザーエンクロージャーと4つのエリアに分かれています。

ウィンブルドン選手権

ウィンブルドン選手権は、ロンドンのウィンブルドンで開催されるテニス四大大会の１つです。日本では「全英オープン」としてもお馴染みです。

１８７７年にＡＥＬＴＣ（The All England Lawn Tennis and Croquet Club《オールイングランド・ローンテニス・アンド・クロケット・クラブ》）という会員制クラブにより第１回大会が開催され、22名の男性選手が参加しました。しかし当初、女性選手は参加できませんでした。

ウィンブルドンといえば美しい芝のコートが有名です。41面ある芝のコートのうち試合に使われるのは19面で、他は練習用です。試合用の19面のコートには、約１万５０００人を収容するセンターコートをはじめ、№１コート、№２コート、№３コートといった予約制の観客席があるコート、そして13番を除く19番までの番号が付けられたコートがあります。

通常、大会は６月末から７月にわたる２週間開催されます。大会折り返し日にあたる日曜日にはミドルサンデーという大会休養日が設けられ、芝のメンテナンスに当てられていました。しかし、グラステクノロジーとメンテナンス技術の進歩により大会途中で手入れをする必要がなくなったため、２０２２年より廃止されました。

ウィンブルドン選手権は世界に広く放映されますので、特にトップ選手の試合が開催されるセンターコートはテレビでご覧になった方も多いかもしれませんが、このコートを使用するのは年間で大会期間中の２週間のみなのです。大会終了直後、センターコートの芝は剝《は》がされ、地ならしの後に種まきをし、決められた芝の長さに調整しながら大会前に８ミリに刈り、毎年芝の状態が同じになるように管理する職人さんは、正に縁の下の力持ちです。

他にもウィンブルドン選手権の縁の下の力持ちといえば、忘れてならないのが〝ＢＢＧｓ〟です。ＢＢＧｓとはBall《ボール》 Boys《ボーイズ》 and《アンド》 Ball《ボール》 Girls《ガールズ》のことで、試合中にコート脇に直立不動で立ち、転がったボールをキビキビと拾ったり、選手に渡したりする子供たちのことです。

ＢＢＧｓは、ウィンブルドン地区の中学校に通う生徒たちから選ばれます。希望者はテニスに関する指導と試験を受け、合格者はさらに体力測定や筆記試験、また大会中の実際のＢＢＧｓのように片手を上げてボールを投げたり、転がしたりする動作などを試験されます。毎年１０００人ほどの応募者から狭き門を潜り抜けて見事合格したＢＢＧｓは、緊迫した場面でも冷静に対応できるように、さらに訓練を重ね、大会が始まると学校から特別休暇を得て活躍します。大会が進み試合数が減少するにつれて必要なＢＢＧｓの人数も減るため、大会中にも選考されます。もしテレビなどでご覧になる機会があれば、ぜひＢＢＧｓの気持ちの良い動きにも注目してみてください。

ウィンブルドン選手権のティータイム

ところで、会場内には大会の歴史を展示する博物館があり、歴史を感じる木製のラケットや大会のトロフィーも間近に見学することができます。男子シングルスのトロフィーはスターリングシルバー（銀の含有率92・5パーセント）に金メッキが施され、上部にパイナップルを模した装飾があります。銀は昔からイギリスで珍重され、権力や財力の象徴として〝Born with a silver spoon in《銀の匙を口にくわえて》 one's mouth《産まれる》〟という慣用句もできたほどです。

しかし、いったいなぜテニス大会のトロフィーにパイナップルなのでしょう。それはウィンブルドンの専門家ですら真実は分からないそうです。そんな中、有力説とされているのがトロフィーが最初に作成された第一回大会の1877年の歴史的背景に関係するというものです。パイナップルは1493年にコロンブス（イタリアの航海者・探検家）によってイギリスに持ち込まれましたが、1900年代までイギリスでは非常に希少で富と成功の証しとされていました。そこで勝者の証しとしてトロフィーの上に装飾されたとされています。

2016年、キャサリン妃はエリザベス女王の後を継ぎAELTCのパトロンに就任されました。スポーツの祭典のイメージが強いウィンブルドン選手権ですが、それだけでなく実際に会場を訪れると大会イメージカラーのホワイトとパープル、グリーンの鮮やかな花に彩られ、社交の場としての華やかな雰囲気も楽しむことができます。センターコートのロイヤルボックスには、王室メンバーや世界のセレブリティの姿もよく見られます。入場者は観戦だけでなく、シャンパンやランチ、アフタヌーンティー、ウィンブルドン名物のストロベリー&クリームと共に社交を楽しみます。ストロベリー&クリームとは、イングリッシュストロベリーにクリームをかけたものです。日本では苺の旬は春ですが、イギリスの苺は6月から7月頃が旬です。毎朝4時に摘まれたフレッシュな苺が会場に運ばれ、会場でいただくアフタヌーンティーにも苺を使った英国菓子が多くあります。ここにも、昔は苺は大変貴重で、裕福な家庭でしか食べられなかったという歴史があります。

ヘンリーロイヤルレガッタ

ヘンリーロイヤルレガッタは、1839年から続く世界で最も有名なボート競技大会です。ロンドンの西側にある小さな田舎町ヘンリーオンテムズで、7月に5日間にわたり開催されます。舞台となるヘンリーオンテムズは13世紀から栄え、イギリスで最も美しい町の1つと言われています。大会開催期間でなくても川沿いを歩いているとボートを漕ぐ人を見かけることがあり、散策も楽しい町です。

イギリス国内外からオリンピック選手や名門大学を含む多くのチームが参加し、2112メートルのコースを2艇《そう》で争い、勝者が次のラウンドに進むトーナメント方式で闘います。1839年に最初に開催されて以来二度の世界大戦中を除いて毎年開催されていましたが、2020年はパンデミックにより初めて中止になりました。また2021年はパンデミックの波を回避し、8月に開催されました。

ヘンリーロイヤルレガッタで社交の場と呼ばれるのは、「スチュワードエンクロー

ヘンリーロイヤルレガッタのティータイム

ジャー」です。スチュワードエンクロージャーはゴール前の見晴らしの良い場所にあり、厳格なドレスコードがあることでも有名です。一方、レガッタエンクロージャーはスチュワードエンクロージャーのすぐ下流にあり、一般公開されています。特に厳しいドレスコードもなく、ヘンリーロイヤルレガッタの雰囲気を味わうことができます。

「社交の場」でのアフタヌーンティー

イギリスのアフタヌーンティーのお菓子といえば、カラフルで華やかなものがイメージされがちなのですが、伝統的な英国菓子はシンプルな見た目のものがほとんどです。

特に、社交の場で用意されるアフタヌーンティーは、イギリス国内のティールームのアフタヌーンティーよりもシンプルです。

なぜかというと、このような場に集まる人々の一番の目的はあくまでも社交であり、飲食ではないからです。そのため、アフタヌーンティーのティーフーズは会話の邪魔にならないように指でつまめるひと口サイズであることが重要視されますし、華やかなデコレーションは求められていません。

また、会話の中でお料理の見た目や香味が話題に上がることもほぼありません。ご一緒する方との会話を楽しむことこそが、社交の原点なのです。

リス各地でティーダンスが開催されます。ホテルや市庁舎、市民会館、公園、クラブなどで開催されるティーダンスのチケットにはティーとお菓子などが含まれ、通常２時間から３時間ほど踊ります。皆さんカップルで参加され、驚くほどダンスがお上手です。チャリティー募金を目的としたイベントや、高齢者の運動を奨励するためのイベントもあります。

　また、普段は女性のティータイムに付き合うのが照れくさい男性もダンスなら参加しやすいと言う方も多く、人気になっています。

ティーダンスの様子

COLUMN★1　ティーダンス

〝ティー〟と〝ダンス〟の関係には、華やかな歴史があります。ヴィクトリア時代のイギリス人はアフタヌーンティーをしながらダンスする「ティーダンス」を楽しんでいました。19 世紀後半にアフタヌーンティー人気が高まると、ティーパーティーのホステスは、オーケストラによる生演奏やカーペットの上で踊るカーペットダンスなどのエンターテインメントを企画しました。

また蓄音機も発明され、ダンスブームがイギリス全土に広まると、ティーダンスは若者たちの出会いの場としても人気が高まりました。

エドワード時代の 1910 年代、ブエノスアイレスからアルゼンチンタンゴがロンドンに紹介されてイギリス全土でブームになり、ティーダンスの人気が急上昇しました。ホテルやレストラン、そして劇場はダンス用のスペースを設け、タンゴダンスのレッスンやクラブ、生バンドによるラテン音楽の演奏を開催しました。多くのイギリス国民がこぞってタンゴのステップを学んでダンスフロアで踊ることに夢中になり、タンゴティーは一大ブームを巻き起こしました。

特にウォルドルフホテルのパームコートの大理石の床で開催されるタンゴティーは一世を風靡し、1939 年に漂遊爆弾によってパームコートの屋根が粉砕されるまで続けられました。タンゴに限らず、ワルツやチャールストンなども踊られ、ティーダンスの人気は 1930 年代まで続きましたが、二度の世界大戦によりライフスタイルが変化し、華やかなティーダンスの人気は薄れていきました。

1980 年代以降、再びティーダンスへの関心が高まり、イギリス全土でティーダンスを含むイベントが開催されるようになりました。全盛期ほどの流行ではありませんが、今日でもイギ万円）で落札され、2018年のような騒動もなく、無事にオリジナルの姿で落札者の手元に渡りました。

　このような高額の作品を扱う老舗のオークション会場といえば一見敷居が高そうですが、意外とサザビーズ内には気軽に楽しめるティールームがあり、アフタヌーンティーも提供されています。作品の内覧後のようなビジネスパーソンがティータイムをしながら歓談する様子を見かけることもあります。

サザビーズ（上）と
クリスティーズ（下）

COLUMN ★2 オークションハウスとティー

サザビーズとクリスティーズは、世界の二大オークションハウスと言われています。どちらも歴史があり、サザビーズは1744年に、クリスティーズは1766年にロンドンで誕生して以来約3世紀にわたり、貴重な作品を市場へ送り出してきました。

サザビーズは、ロンドンの実業家サミュエル・ベイカーが創業した世界最古のオークションハウスです。元々は主に書籍を扱っていましたが、後に版画やコイン、メダルなどに着手し、現在はアート作品やジュエリー、時計、バッグ、ワインなどを扱っています。

サザビーズといえば、バンクシーのシュレッダー事件でも話題になりました。2018年、ロンドンのオークション会場でバンクシーの絵画〝Girl with Balloon（少女と風船）〟が予想額の約5倍、104万2000ポンド（当時約1億5000万円）で落札され、会場に拍手が鳴り響いた瞬間に、額縁に仕掛けられていたシュレッダーにより人々の目の前で裁断されてしまいました。裁断された作品は史上初めてオークション中に制作された作品として〝Love is in the Bin（愛はごみ箱の中に）〟と改名されました。そして、2021年に再びサザビーズオークションに出品されると、裁断前の約18倍の1858万ポンド（当時約29億円）で落札されました。

クリスティーズは1766年、美術商ジェームズ・クリスティーズがロンドンで創業した世界的なオークションハウスです。当初より幅広い芸術作品を扱い、現在はアート作品やジュエリー、時計、ワイン、そして家具、楽器などを手がけています。

先ほどサザビーズをご紹介した際に言及したバンクシーの〝Girl with Balloon〟では少女が手に持つ風船は赤色なのですが、クリスティーズでは2019年に風船が金色の〝Girl with Balloon〟が扱われました。この作品は39万5000ポンド（当時約5400

CHAPTER ★ 2

紅茶の基礎知識・1
～茶葉～

茶葉について

茶樹

紅茶の原料となる茶樹は、亜熱帯性の植物ツバキ科の常緑樹で、学名を「カメリアシネンシス」と言います。

カメリアシネンシスは、紅茶だけでなく、緑茶や烏龍茶などの中国茶の原料でもあります。これらのお茶が持つ特徴がそれぞれ異なるのは、製造法の違いによるものです。

製造過程において、カメリアシネンシスの葉に含まれる酸化酵素の働きを利用して製造（Oxidation《オキシディション》）すると紅茶、酸化酵素の働きを利用せずに製造（Non《ノン》 Oxidation《オキシディション》）すると緑茶、また酸化酵素の働きを途中で止めて製造（Partially《パーシャリー》 Oxidation《オキシディション》）すると烏龍茶などの中国茶になります。

品種

カメリアシネンシスは、長い年月の間に栽培地の風土に順応して自然に進化したものや、人工的にかけ合わせて作られたものも含めると、何千もの品種が確認されています。

その中で主に紅茶に使われる品種は、「中国種」、「アッサム種」、「中国種とアッサム種の交配種」の3つです。一般的に、中国種は冷涼な気候を好みタンニンが少なく緑茶向き、アッサム種は高温多湿を好みタンニンが多く紅茶向きとされます。

紅茶の製造工程

紅茶の製造工程は大きく分けると、伝統的な「オーソドックス製法」と大量生産が可能な「CTC製法」の2つがあります。基本的に次ページでご紹介する工程は同じですが、③ローリング（揉捻）／カッティングのみ異なります。

①プラッキング（摘採《てきさい》）

手摘み、または機械摘みで行います。

茶樹先端の新芽と2枚の若葉を摘むのが、上質な茶葉を作り出すための基準とされます。

②ウィザリング（萎凋《いちょう》）

摘み採ったばかりの水分を多く含む生葉を乾燥させ、しおれさせることにより揉みやすくします。

水分が飛び、葉の香りが高まります。

③ローリング（揉捻《じゅうねん》）／カッティング

オーソドックス製法では、揉捻機（ローリングマシン）にかけます。

しんなりとなった葉に圧力をかけて揉み、撚《よ》り、葉の細胞を細かくして酸化反応が進みやすくします。

CTC製法では、CTC機にかけます。

CTCとは、Crush《クラッシュ》／Cut《カット》（砕く／切る）・Tear《ティアー》（引き裂く）・Curl《カール》（丸める）の略で、葉をつぶして引き裂き、丸めるまでの一連の作業を行います。

④オキシデイション（酸化）

葉汁が空気に触れることにより、茶葉に含まれる酵素（エンザイム）と空気中の酸素が化学反応し、葉の色が緑から茶に変わります。

酸化の工程での度合いの違いにより、緑茶、烏龍茶、紅茶に分かれます。

なお、プーアール茶などではバクテリアの活動を利用してファーメンテイション（発酵）を行います。

⑤ドライング（乾燥）

乾燥させることにより茶葉の酸化を止め、葉の水分を減らします。

⑥ソーティング／グレイディング（仕分け）

茎や繊維を取り除き、サイズ・形状（グレード）ごとに篩《ふる》い分けます。

グレード（等級）

茶葉の「グレード」というと紅茶の味や品質と思われがちですが、製茶された茶葉の大きさと形状を表す言葉で、細かく数十種類に分類されています。

本書ではグレードの中でも、特に知っておきたい基本的なポイントをご紹介します。

ティーポットで使用する茶葉のグレードは、大きく「ホールリーフ」と「ブロークンリーフ」に分けることができます。ティーバッグには、より細かい茶葉が使用されています。

オーソドックス製法

・ホールリーフ

ホールリーフサイズ（摘んだ時の葉の大きさに近いサイズ）の大きな茶葉をORANGE《オレンジ》 PEKOE《ペコー》と言い、略してＯＰ《オーピー》と呼びます。

ＯＰはFLOWERY《フラワリー》 ORANGE《オレンジ》 PEKOE《ペコー》（略：ＦＯＰ《エフオーピー》）やPEKOE《ペコー》（略：Ｐ《ピー》）など種類が豊富で覚えるのが大変です。しかし、日常生活ではＯＰを覚えておけば充分です。

・ブロークンリーフ

砕かれた状態の細かい茶葉をBROKEN ORANGE PEKOE《ブロークンオレンジペコー》と言い、略してBOP《ビーオーピー》と呼びます。

・さらに細かな茶葉

BOPよりも細かく粉砕した状態の茶葉はFANNINGS《ファニングス》、さらに細かく粉状になった茶葉はDUST《ダスト》と言い、それぞれF《エフ》、D《ディー》と略されます。

これらは、ほとんどティーバッグに使われます。

CTC製法

オーソドックス製法と同様にCTC製法で作られた茶葉にもBROKEN PEKOE（略：BP）、PEKOE FANNINGS（略：PF）、PEKOE DUST（略：PD）など色々な大きさがあります。

茶の歴史

茶の起源

茶樹は、何千年も前に中国の雲南省からチベットやミャンマーにかけての山岳地帯に自生していたと伝えられています。

中国には、紀元前2737年に神農《しんのう》皇帝が初めてお茶を口にしたという、歴史上最も古いお茶に関する神話があります。

この神話の人物、神農皇帝は薬効を調べるために薬草を抽出して味見していたところ毒にあたってしまいましたが、野生の茶樹から舞い落ちてきた葉が、偶然彼が茹でている鍋の中に入り、その抽出液を飲んで命拾いしたといいます。

お茶は「不老不死の薬」として珍重され、中国の上流階級社会に、6世紀には庶民階級を含む中国全域に広まりました。その後、9世紀には日本から中国に仏教を学びに行った僧侶によって日本に伝わりました。

ヨーロッパへ　～大航海時代～

西洋諸国では、15世紀から17世紀に海洋技術が進歩し、大航海時代を迎えました。

1492年にコロンブスが西インド諸島を発見し、1498年にはヴァスコ・ダ・ガマ（ポルトガルの航海者・探検家）がインド航路を開拓、そして1519年にフェルディナンド・マゼラン（スペインの航海者・探検家）が世界一周に向け出航するなど、ヨーロッパ人たちは未知の世界だった東洋に憧れ始めました。ポルトガルやオランダなどによる東洋貿易が本格化し、競うように東洋の文化を取り入れたのです。

東洋との貿易を目的に、1600年にイギリス東インド会社が、1602年にはオランダ東インド会社が設立されました。

1610年にポルトガルとオランダは、それぞれの中国の貿易基地からお茶を輸入しました。オランダは長崎の平戸を含む数か所にも商館を開いて平戸からお茶を持ち帰り、その後オランダ商人によってヨーロッパ諸国に広まりました。

イギリスへ　～コーヒーハウス～

17世紀中頃になり、イギリスにもお茶が伝わりました。

1650年にユダヤ人商人のジェイコブがイギリスで最初のコーヒーハウス「ジェイコブスの店」をオックスフォードに開き、二日酔いを醒《さ》ます薬としてコーヒーを売りました。

1652年にはダニエル・エドワーズが、トルコ出身の使用人パスクワ・ロゼーにロンドンで初めてのコーヒーハウス「ローズィの店」を開かせました。

1639年にピューリタン革命が勃発した際、アルコールは悪いものとされ、アルコール規制が敷かれる中でコーヒーハウスは人気を博しました。

1657年にトーマス・ギャラウェイがロンドンのエクスチェンジアレイに開店した「ギャラウェイ・コーヒーハウス」で、お茶は「飲むと万病に効き長寿になれる東洋の神秘薬」と宣伝され、店で提供されました。

海運業や、その船荷にかかわる保険業、状況の伝達をする新聞社や印刷業、また政治家や法律家、科学者などの専門分野を持った男性たちが集うコーヒーハウス（女性禁制）が次々と誕生しました。
そして入場料を支払い入店し、お茶、コーヒー、ホットチョコレートを飲みながら雑誌や新聞を読んだり、情報交換をする「社交の場」となりました。

また、コーヒーハウスに併設されたセールスルームでは取引が行われ、サザビーズやクリスティーズ（CHAPTER1の74ページ参照）のようなオークションハウスの前身となりました。

なお、ギャラウェイ・コーヒーハウスは廃業してロンドン証券取引所に変わりましたが、ローズィの店は店名を「ジャマイカ・ワインハウス」に変え、ワインバー兼パブとして現在もロンドンの金融街の中心部、旧王立取引所近くで営業を続けています。店には「1652年に開店したロンドンで初めてのコーヒーハウス」を示す看板が残され、今もお茶、コーヒー、ホットチョコレートを提供し、現代のビジネスパーソンで賑わっています。ビジネス街という土地柄、営業は平日のみで、週末はパーティースペースとして貸し出されています。

また、イギリスの保険会社として知られるロイズ海上保険は、ロンドンのコーヒーハウスが前身です。エドワード・ロイドが「ロイズ・コーヒーハウス」を開くと、貿易商や船員などに人気を博しました。その後、ロンドンの金融街のロンバードストリートに移転すると、保険業者が集まるようになりました。

キャサリン妃　～宮廷喫茶の始まり～

1649年にチャールズ1世がピューリタン革命で処刑されて以降、イギリスの王政はしばらく廃止されていました。

しかし、1660年にブレタ宣言（フランスに亡命していたチャールズ1世の次男チャールズ2世がイギリス復帰のために出した声明書）が仮議会に受諾されると、チャールズ2世は王政復古を遂げ、ウェストミンスター寺院で戴冠式《たいかんしき》が行われました。

1662年にポルトガルのブラガンザ王家からチャールズ2世に嫁いだキャサリン王女は、イギリスで〝The《ザ》 first《ファースト》 tea-drinking《ティードリンキング》 queen《クイーン》 of《オブ》 England《イングランド》〟と呼ばれ、共和制が敷かれていたイギリスの宮廷に初めて喫茶文化を広めた人として知られています。

キャサリン妃のお輿《こし》入れの際、インドのボンベイの島々や北アフリカのタンジールの所有権などがイギリスに献上され、また当時大変貴重だった砂糖やお茶、茶道具などが大量に船に載せられてポーツマス港に到着しました。ポルトガルでは17世紀初頭よりお茶を輸入しており、またポルトガル領ブラジルでは砂糖が生産されていました。そのため、貴重なお茶に貴重な砂糖をたっぷり混ぜて飲むことは、キャサリン妃にとって日常的な習慣として、すでに身に付いていたのです。

男性社会でコーヒーハウスが人気を博す一方で、キャサリン妃の影響により、宮廷の貴婦人たちはたちまち東洋の贅沢な習慣に魅了されました。この頃飲まれていたお茶は緑茶とされていますので、緑茶に砂糖をたっぷりと入れていたことになります。

当時お茶は金銀に匹敵する貴重なもので、特権階級だけのステータスシンボルでした。17世紀から18世紀の間、お茶は寝室やクローゼット（寝室脇に備えられたゲストをもてなす小部屋）で飲まれることが多く、クローゼットにはお茶や茶道具が置かれていました。

またイギリスの古い時代を描いた映画やドラマに頻繁に描かれている、「夕食後に女性たちが、お酒に酔い、煙草を吸う男性たちから離れてドローイングルーム（応接間）などに移動し、お茶を飲んで過ごす」習慣も生まれました。

なお、ここで登場したチャールズ1世やチャールズ2世はダイアナ元妃のご先祖として知られており、ダイアナ元妃のご生家であるスペンサー伯爵家がいかに古い家系かが窺《うかが》えます。

メアリー・オブ・モデナ　～スコットランドへの広がり～

ブレタ宣言受諾の際、チャールズ2世と一緒に弟ジェームズ2世もイギリスに戻りました。ジェームズ2世は、最初の妻アン・ハイド逝去後、１６７３年にメアリー・オブ・モデナと再婚しました。メアリーはイタリアの名門エステ家の出身で、当時海上貿易の進歩により発展していたオランダで礼儀作法やお茶の文化を習得しました。そしてエディンバラのホリールード宮殿でお茶を紹介し、スコットランド宮廷でもお茶が流行しました。

17世紀の終わりには、お茶にミルクを加える飲み方が流行しました。この頃もお茶といえば緑茶ですので、たっぷりの砂糖とミルク入りの緑茶ということになります。

この時代のヨーロッパの肖像画には、上流階級の家族がテーブルの上にケトル、ティーポット、砂糖などを並べ、中国から輸入された取手のない磁器の小さなティーボウルでお茶を楽しむ肖像画が多くあり、富と権力の象徴として描写されています。

メアリー2世　～シノワズリ～

ジェームズ2世の最初の妻アン・ハイドは、メアリー（後のメアリー2世）とアン（後のアン女王）の2人の娘をのこしました。メアリー2世は、名誉革命により失脚したジェームズ2世の後を継ぎ、1689年にオランダ人の夫ウィリアムと共同君主として即位したことで有名な女王です。

メアリー2世はオランダからお茶、東洋の磁器や漆器などを持ち込んで宮殿に飾り、ごく限られた友人とお茶を楽しみました。彼女の影響により、貴族たちも競うように東洋文化を収集するようになり、「シノワズリ」（中国趣味）が流行しました。

この頃、イギリス東インド会社は福建省厦門《アモイ》から直接お茶を貿易できるようになり、厦門から近い福建省武夷山《ぶいさん》で作られる酸化させたお茶を輸入し始めました。この茶はボヒー茶（武夷茶）と英語化され、目新しいうえに量も少なかったために珍重されました。

またイギリスの硬水によく合ったことから、18世紀後半には緑茶を上回る人気になりました。

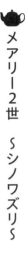

ボヒー茶が流行すると、女主人はお茶会でゲストに〝緑茶とボヒー茶〟のお好みを伺ったり、〝緑茶とボヒー茶〟をブレンドすることも流行しました。貴重なお茶を2種類も用意してゲストに披露するという、新たな習慣が生まれたのです。やがて消費者の需要に合わせて製造業者が酸化度を強めるうちに、「紅茶」が誕生したと伝えられています。

一方、この頃オランダからイギリスにアルコール度数40度以上のジンが輸入され、労働者階級の人々が安価なお酒に溺れる社会問題が起きていました。

アン女王　～クイーンアンスタイル～

1702年、メアリー2世の妹アンが王位を継承しました。アン女王は1707年にイングランドとスコットランドを統一し、グレートブリテン王国（イングランド・ウェールズ・スコットランド）を誕生させました。

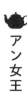

つまり、アン女王はグレートブリテン王国の最初の国王です。

アン女王は社交好きで、ゲストをお茶でもてなし、宮廷喫茶を定着させました。当時お茶と一緒に中国や日本から運ばれた小さな急須はイギリスの宮廷でも愛用されましたが、姉のメアリー2世とは対照的に大勢のゲストをもてなすお茶会を頻繁に開催するアン女王には、もっと大きなティーポットが必要でした。そこでアン女王は、お気に入りの洋梨をモチーフにした大きな純銀製のティーポットを作らせました。この優雅な曲線が特徴のクイーンアンスタイルのティーポットや家具は、今なお人気のデザインです。アン女王はお茶を飲む空間作りにもこだわり、ウィンザー城に美しい装飾を施したお茶室を作ったことでも知られています。

美食家で、大のお茶好きとして知られるアン女王は、朝食にもバター付きのパンと一緒にお茶を飲むことを習慣としました。特別なお茶会に限らず日常的にもお茶を楽しむスタイルは、上流階級社会にも徐々に広まりました。アン女王の即位を祝い、ケンジントン宮殿の敷地内に建てられたオランジュリーは夏の社交場として使われました。アン女王を主人公にした映画『女王陛下のお気に入り』にも、お茶を飲むシーンが描かれています。

茶専門店とティーガーデン　～お茶の普及～

1714年にアン女王が崩御し、ジョージ王朝時代（1714～1830年）になる頃には、お茶人気はさらに高まり、お茶を扱う小売店も増えました。

東インド会社に勤めていたトーマス・トワイニングは、1706年に独立してロンドンのストランド地区にコーヒーハウス「トムの店」を開店しました。経営は好調で、1717年にはトムの店の隣にイギリス初の紅茶専門店「ゴールデンライオン」をオープンしました。女人禁制のコーヒーハウスとは違い、女性たちに高く支持されました(現在の紅茶ブランドである「トワイニング」に繋がります)。


この頃、ロンドンのヴォークソール地区に「ヴォークソール・ガーデン」というティーガーデンが改装オープンしました。自然豊かな敷地内に噴水や人工の滝などが造られ、老若男女問わず、散策しながらお茶を楽しめる場所でした。シノワズリやゴシック様式、ロココ調の「ターキッシュテント」など様々な建築様式の建築物が目を惹き、また熱気球やオーケストラ、仮面舞踏会、花火などの催しもあり、人気を博しました。そして喫茶文化は、中産階級家庭にも広まっていきました。

ヴォークソール・ガーデンは1859年に閉鎖し、2012年に「ヴォークソール・プレジャーガーデンズ」に改名され、現在はロンドン市の公園となっています。

ボストンティーパーティー（茶会事件）

アメリカ大陸は1500年代からヨーロッパ諸国に開拓され、植民地とされてきました。

イギリスでは1559年にエリザベス1世がイギリス国教会を確立しましたが、宗教信仰の自由を求める人々は、1620年にメイフラワー号でアメリカに渡っていきました。やがて移民たちによって、アメリカでも喫茶文化が広められました。

1664年にニューヨークがオランダ領からイギリス領に移った際、アメリカで購入するお茶はイギリス東インド会社によって高い税金（茶税）がかけられるようになりました。そのためアメリカの人々は、イギリスから正規ルートで輸入されたお茶を避け、オランダ商人から密輸茶を安く購入するようになりました。

ヨーロッパ諸国による植民地争いの末にアメリカはイギリスの植民地となったのですが、戦争に莫大な資金を費やしたイギリスは、1765年にアメリカに対し高額な税金をかける印紙税法を施行して次々と課税対象を増やしました。これに反発したアメリカ人がイギリス商品の不買運動を起こし、後に印紙税法は撤廃されましたが、茶税だけは残されました。反対運動はさらに広がり、オランダなどからのお茶の密輸入が増え、イギリス東インド会社は多くの在庫を抱えることになりました。1773年5月10日、イギリスは新たな茶法を制定して密輸入を禁じ、またイギリス東インド会社が税金を支払うことなくアメリカの植民地でお茶を密輸茶よりも安く販売できる仕組みを作りました。

一方的な政策にアメリカの反発は一層増し、1773年12月16日、ボストン港に停泊中の茶を積んだイギリス船を50人ほどのアメリカ人が襲撃し、342箱の茶箱を海に投げ捨てました。これは「ボストンティーパーティー」（茶会事件）と呼ばれ、1775年に始まったアメリカ独立戦争のきっかけとなりました。

リチャード・トワイニング

アメリカ独立戦争には膨大な費用がかかったため、戦後イギリス国内のお茶の税率はさらに引き上げられました。イギリスでもオランダなどからの密輸茶がますます増え、お茶による税収を見込めない政府にとっても、またイギリス東インド会社からの正規ルートのお茶を扱う茶商にとっても大打撃でした。

トーマス・トワイニングの子孫である4代目当主リチャード・トワイニングは、アメリカでお茶の課税が原因で起こった事件を思い、イギリスでも同様なことが起こると危惧しました。当時、若干30代にして茶業者団体の会長を務めていたリチャードは、首相ウィリアム・ピットに「茶税の撤廃」を提言しました。

リチャードはウィリアムと茶税について意見交換を重ね、「茶税が高いために密輸入が横行するよりも、茶税を安くして正規品のお茶を販売するほうがイギリス国内の税収が増す」「茶税の撤廃により生じる政府の減収は、茶業者が今後4年かけて国庫に納付する」という内容を提案しました。

リチャードの熱意がウィリアムに伝わり、1784年、減税法により119パーセントの茶税は12・5パーセントに引き下げられました。その結果、お茶の密輸入は減り、東インド会社が輸入する正規ルートのお茶の流通が増えました。茶商たちは順調に売り上げを増やし、これまで密輸業者に流出していた通貨がイギリス国内に貯まっていきました。

三角貿易とアヘン戦争

お茶が原因で起こってしまったもう1つの戦争が、「アヘン戦争」です。

減税法により、それまで以上にお茶は気軽に飲まれるようになりました。お茶に手が届かなかった人々も買えるようになり、イギリスのお茶の消費量は増しました。

イギリスは茶を清（現在の中国）から輸入して銀で支払っていましたが、増え続けるお茶の需要に伴い、莫大な量の銀が流出する貿易赤字が深刻になりました。そこでイギリスは、植民地のインドで栽培していたアヘンに着目しました。イギリスがインドに綿織物を、インドが中国にアヘンを、そして中国がイギリスに茶を渡す「アヘン貿易」を始めたのです。3か国を結ぶ貿易なので「三角貿易」とも呼ばれます。

たちまち中国全土にアヘン中毒者が蔓延し、人々の健康を奪いました。中毒性は強く、需要は増すばかりで、やがて経済危機に発展しました。

1839年、勅命《ちょくめい》により広東に派遣された中国の官僚だった林則徐《りんそくじょ》はアヘンの貿易を厳しく取り締まり、イギリスのアヘンをすべて没収しました。それに怒ったイギリスが翌年1840年6月、中国との戦争を宣言し、中国はイギリスへの茶の輸出を禁

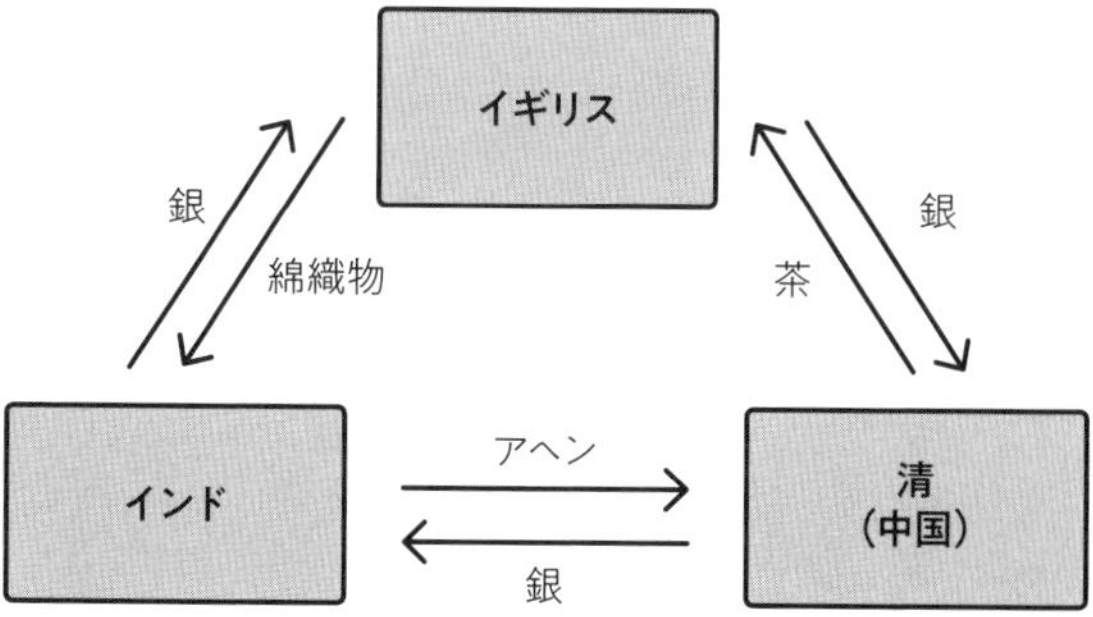

三角貿易の関係性

止し報復しました。アヘン戦争は1842年8月にイギリスの圧倒的な勝利で終わり、不平等な南京条約を中国に調印させ終結しました。そして、イギリスは香港を占領し、茶の安定供給を手にしました。

一方、東インド会社は、中国以外の地で茶葉を独自に栽培したいと考え、この頃すでにインドにその可能性を見出していました。

アッサム紅茶の始まり

お茶の需要が増え続ける中で、中国からの輸入だけに頼らず、植民地インドでの茶栽培を試みるようになりました。しかし、亜熱帯性植物であるお茶を熱帯の地インドで栽培するのは、容易なことではありませんでした。

1823年、イギリスの冒険家ロバート・ブルース少佐が、インドのアッサム地方で野生の茶樹を発見しました。しかし当時茶樹は中国でしか育たないという定説があり、鑑定の結果、この樹木はツバキ科ではあるものの茶樹ではないと判断されました。ところが後に、中国種とは異なるアッサム種の茶樹であると認定され、インドでの栽培が始まりました。

1833年、東インド会社による茶の独占貿易が終了して茶貿易が自由化されると、イギリスでのお茶の需要はさらに増しました。1837年、ロバートの弟チャールズが、数年間の試行錯誤を重ね、お茶作りを成功させました。最初のアッサム紅茶は1838年5月にカルカッタから出荷され、同年11月にロンドンに到着しました。

そして翌年1839年1月、ロンドンのティーオークションに出品すると、高値で落札されました。悲願の自国による茶栽培ができるようになり、アッサムに新しいプランテーションが配置されて本格的な生産が期待されました。

アッサム種は熱帯地域でもよく育つ品種で、この後インド各地や東南アジア、そして20世紀にはアフリカにもお茶の栽培が広まりました。

ヴィクトリア時代とアフタヌーンティーの流行

植民地インドでアッサム紅茶が完成した1837年、イギリスはヴィクトリア女王即位の祝賀ムードに包まれていました。ヴィクトリアは、ハノーヴァー朝第3代国王ジョージ3世の孫として生まれました。叔父に当たる先代のウィリアム4世が嫡子《ちゃくし》を亡くし、また父エドワードはヴィクトリアの誕生後ほどなくして崩御したため、ヴィクトリアはわずか18歳で、アン女王以来の女性君主となりました。先代が即位した11歳の時にいずれ自ら王冠をかぶる宿命を覚悟し、ドイツ出身の厳格な母に監視されるように育てられた甲斐もあってか、ウェストミンスター寺院で行われた戴冠式では毅然としていたと伝えられています。統治したヴィクトリア時代には、植民地の獲得により大英帝国は急速に拡大し、世界の4分の1の土地面積と人口を占める帝国になりました。産業革命による発展は目覚ましく、工業生産では世界の工場と称され、大英帝国が最も経済的に繁栄した時代です。オイルランプの普及、鉄道などの交通手段、写真や印刷技術、また電話や郵便による通信手段なども発達し、人々の生活も豊かになりました。

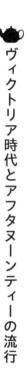

この時代に誕生した新しいティーの習慣が、「アフタヌーンティー」です。この優雅なティータイムを始めたのは、イギリス第7代ベッドフォード公爵夫人アンナ・マリア・ラッセルです。

当時は、どの階級も朝食と夕食の1日2食に軽食を摂るという食生活が多かったようです。しかし、家庭用オイルランプの普及により夜間の社交が増え、夕食までの時間が長くなりました。

アンナ・マリアは夕方になると空腹に耐えかね、使用人に紅茶とパンをベッドルームに運ばせ、こっそりと食べるのが習慣になっていました。アンナ・マリアが一人で始めたティータイムは、やがて友人を招き、紅茶と共にサンドイッチやお菓子を用意し、ドローイングルームでゲストをもてなすようになりました。次第に人数も増え、テーブルセッティングやインテリアも華やかさが増していきました。これが、アフタヌーンティーの始まりです。社交好きな夫妻の邸宅ウォーバンアビーには多くの友人が招かれ、滞在したゲストはヴィクトリア女王を筆頭に年間1万2000人にも上ったと言われます。

1836年、ヴィクトリア女王が17歳の時、ドイツの親戚ザクセン・コーブルク家がヴィクトリアの生家ケンジントン宮殿を訪れました。ヴィクトリアは従兄にあたる

18歳の兄エルンストと16歳の弟アルバートに会い、２人に好印象を持ち、楽しい夏を過ごしました。

１８３９年、ヴィクトリア女王は、紳士的で礼儀正しく、知性とユーモアのセンスの持ち主に成長したアルバートに再会し、恋に落ち、そして１８４０年、二人は結婚しました。夫妻がアンナ・マリアにウォーバンアビーへ招かれ、アフタヌーンティーでもてなされると、次第に貴婦人たちの社交の時間として広まり、やがて中産階級の女性たちにも広まっていきました。

午後5時頃に始まることが多かったため、〝Five O'clock Tea《ファイブ オクロック ティー》〟と呼ばれていましたが、開始時間が早まり、午後4時頃スタートが主流となるにつれ〝Afternoon Tea《アフタヌーン ティー》〟と呼ばれるようになりました。

また、特にフォーマルな社交のためのアフタヌーンティーは、「ヴィクトリアンティー」と呼びます。イギリスのトラディショナルなアフタヌーンティーと言えば、ホテルのラウンジでテーブルにのった三段スタンドを囲むアフタヌーンティーがイメージされることが多いでしょう。

しかし、元々は自宅のドローイングルームにゲストを招いて、三段スタンドは傍に置いておもてなしをする形式でした。

ティークリッパーとティークリッパーレース

東インド会社による茶の独占貿易が終了すると、いかに他社より早く茶を運ぶかが競われるようになりました。１８４９年、自国の貿易を保護するための航海条例が撤廃され、イギリスに諸外国の船が入港できるようになると、茶貿易の競争はさらに激しくなりました。アメリカが開発した快速帆船クリッパー（Clip《クリップ》＝疾走する）は従来の船より格段に輸送スピードが速く、イギリスの船は太刀打ちできませんでした。

クリッパーの中でも、茶を運ぶクリッパーは「ティークリッパー」と呼ばれました。中国からイギリスに運ばれた鮮度の高い茶葉は高値で取引され、イギリスの造船業界もこぞって船の改良に取り組むようになりました。そして賭け事が好きなイギリス人は、ティークリッパーレースを始め、誰でも参加できる娯楽として人気となりました。ティークリッパーレースは、中国を出発したティークリッパーの進行状況を、新聞で確認しながら、およそ地球半周のレースの勝敗を予想する賭け事です。アフリカ南端の喜望峰から大西洋に入り、イギリスに入港する頃にはテムズ川沿いのパブはレースの行方を見届ける人で賑わいました。

その中でも特に歴史に残る伝説のレースが、1866年5月にスタートしたレースです。参加したクリッパーのうち、エアリアル号とテーピン号は優勝候補とされていました。同年9月6日、観衆が見守る中、まず沖合に姿を現したのはエアリアル号でした。しかし河口からドックまで牽引するタグボートとの接続にエアリアル号が手間取る間にテーピン号が先着し、99日間かけた地球半周のレースは、ゴール直前での劇的な大逆転に終わりました。賞金は先着したテーピン号に渡されましたが、テーピン号の乗員達は賞金をエアリアル号と分け合うことを提案し、この話は美しいスポーツマンシップとしてイギリス中に広まりました。

1869年にスエズ運河が開通すると共に、クリッパーレースは終焉を迎えました。スエズ運河は幅が狭いため、帆を張り、風を受け左右に揺れるクリッパーの通行は許されなかったからです。

さらにこの頃、蒸気機関が改良され、帆船に代わり活躍するようになりました。喜望峰を迂回する必要がなくなり、輸送時間が大幅に短縮され、どの船もレースをするほど速さに差がなくなりました。

スリランカ紅茶の始まり

現在、セイロン島（現在のスリランカ）は、紅茶の生産国として世界的に有名ですが、元々栽培されていたのはコーヒーでした。開拓された広大なプランテーションでコーヒー生産を成功させていましたが、１８６０年代にコーヒーの病害さび病が発生しました。その破壊力は強く、プランテーションはほぼ壊滅状態に陥ってしまいました。そこで茶葉の栽培に取り組み始め、主要な紅茶生産地へ発展したのです。

セイロンで初めて紅茶の生産に取り組んだのは、スコットランド人のジェームス・テイラー（１８３５〜１８９２年）です。ジェームスは16歳でセイロンに渡りコーヒー園で働いていましたが、コーヒー園はさび病で壊滅してしまいました。

１８６７年、キャンディの山岳地帯にあるルーラコンデラを開拓し、すでにインドで栽培されていたアッサム種を植えたところ、見事に成功しました。そして57歳で生涯を閉じるまで一度も故郷に帰ることなく、農場の人々と共に茶樹栽培や製茶方法の研究に尽力しました。

ジェームスが誕生させた「セイロン紅茶」を世界に広めたのは、スコットランドで小さな食料品店を営んでいたトーマス・リプトン（１８５０～１９３１年）です。トーマスは幼少期から両親の店を手伝い、15歳でアメリカに渡り商売を学びました。19歳でスコットランドに戻り父の店を手伝った後、21歳でリプトンズマーケットを開店しました（日本でもお馴染みである紅茶ブランドの「リプトン」です）。

この頃お茶は広く普及していたものの、労働者階級の家庭にとっては依然として贅沢なものでした。１８９０年、オーストラリアへの航路の途中にセイロンで下船したトーマスは、土地を買収し、ウバの茶園と製茶工場を設けました。栽培から販売まで一貫して行うことで仲介業者をなくし、売値を下げることができたのです。

また翌年１８９１年のロンドンのティーオークションで史上最高値で落札され、美味しさも証明されました。〝Direct form the tea garden to teapot《茶園から直接ティーポットへ》〟というスローガンを掲げて自身の食料品店でお茶を販売し、誰もが日常的に紅茶を飲めるようになりました。その後、ケニアなどでも栽培を成功させ、紅茶は世界に普及していきました。

功績を称えられ、１８９５年にヴィクトリア女王より英国王室御用達を賜り、１８９８年にはナイト（騎士）の称号（イギリスの叙勲制度における中世の騎士階級に由来した称号。階級の中でも特に地位の高い勲章の１つ）を授かりました。

ティーキャディー

COLUMN★3　ティーキャニスターとティーキャディー

お茶はイギリスに伝わった当初、一緒に中国から輸入された「ティーキャニスター」と呼ばれる磁器や石器の茶瓶に保管されていました。

次第に、ヨーロッパの陶芸家たちによって中国風のデザインを模したものや独自のデザインのもの、べっ甲製や銀製のものも作られるようになりました。

やがて、茶瓶に代わって鍵付きの茶箱が使われるようになりました。貴重なお茶が使用人に勝手に使われてしまわないように厳重に保管され、鍵は主人自ら管理していました。

茶箱の素材には高級な木材やべっ甲などが使用され、白蝶貝《しろちょうがい》や象牙で装飾が施されるなど、ドローイングルームの豪華な調度品にも合うようなものが好まれました。

多くの茶箱の内側には２種類の茶葉を収納する容器と、砂糖用のガラス製ボウルが内蔵され、茶箱は「ティーキャディー」と呼ばれるようになりました。

やがてお茶の価格が下がり、誰もが日常的に飲めるようになると、お茶を厳重に保管する必要性がなくなったので、ティーキャディーは使用されなくなりました。

※現在改装工事中で、当初の終了予定より長引いています。今のところ、ウォーバンサファリパーク、ウォーバンゴルフクラブ、鹿パークなどは見学可能です。

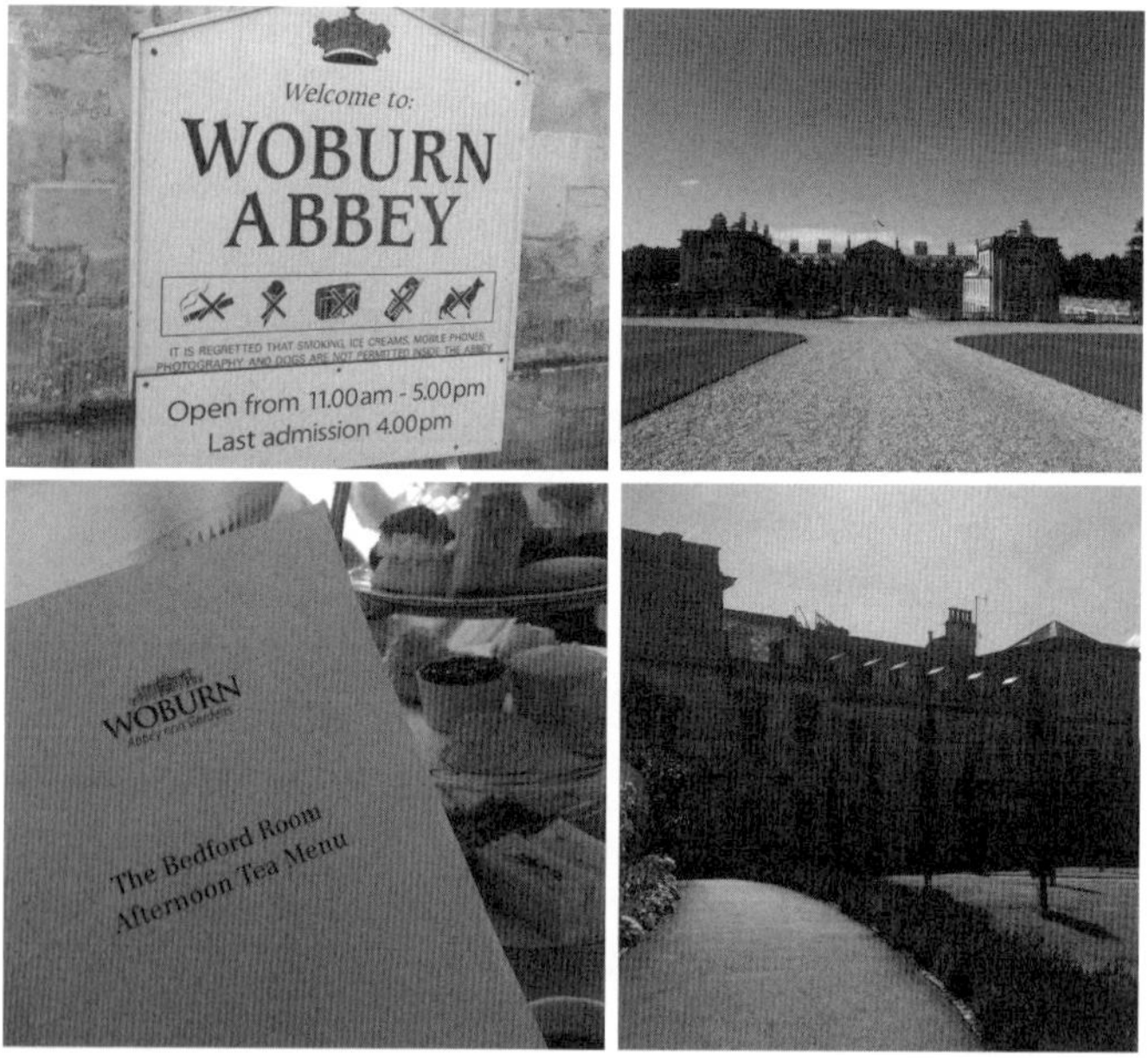

ウォーバンアビー

COLUMN ★4　ウォーバンアビー

アフタヌーンティー発祥の邸宅「ウォーバンアビー」は、ロンドンから車でおよそ1時間の場所にあります。ウォーバンアビーの歴史は、1145年に始まります。元々、シトー会修道院として設立されましたが、1538年に修道院長のロバート・ホッブズが反逆罪で処刑された時にヘンリー８世の手に渡り、その後1547年に初代ベッドフォード伯爵ジョン・ラッセルに贈られました。

現在は第15代ベッドフォード公爵が所有しており、1955年以来、夏の間は一般公開されています。ゲートをくぐり抜け、湖や鹿の群れ、サファリパーク、ゴルフコースなどを通り過ぎ、ようやく辿り着くという、広大な敷地内に邸宅があります。

邸宅にはいくつもの部屋がありますが、アフタヌーンティーの聖地とされるのが「ブルードローイングルーム」です。その名の通り青い壁紙に囲まれた部屋で、豪華絢爛なマントルピースの前のティーテーブルの上には、ヴィクトリア女王から贈られたティーセットが並べられています。

また、ヴィクトリア女王が滞在したクイーンズベッドルームも見学することができます。ベッドの高さが非常に高いのは、起き上がった時に窓の外の風景がよく見渡せるため、そして歩いてきた使用人を見上げる位置にしないためだそうです。

邸宅内は撮影禁止なのですが、写真が撮れないと思うと普段よりしっかりと目に焼き付けようと思うものです。各部屋にいらっしゃるボランティアスタッフの方々は、ウォーバンアビーに対する熱意も知識も豊富でいらっしゃり、サービス精神も旺盛です。歴史はもちろん、撮影していたらそれで満足して見逃してしまっていたかもしれない調度品のエピソードについてもお話ししてくださいます。

別の場所に保管されていたのは不幸中の幸いでした。「十分修復できる自信がある」という作業スタッフの言葉通り、2012年4月26日に一般公開が再開されました。寄付などから賄われた総額5000万ポンド（当時約84億円）を費やした修復後のデッキや船内は当時を再現し、海に浮いているように展示された船体の下からは船底を見ることもできます。

カティサークは、スコットランドの古い言葉で「短いシュミーズ（中世以降に西洋で使用されていた肌着）」を意味します。スコットランドの詩人ロバート・バーンズの作品 "Tam O'《タム・オー・》 Shanter《シャンター》" に登場する美しい魔女ナニーは、カティサークを身にまとい踊っているのを農夫のタムに見られてしまいます。気付いた魔女たちが恐ろしい形相でタムを追いかけ捕まえようとしたため、タムは馬に乗って逃げました。ナニーが馬を捕まえようとしましたが、馬の尾が抜けてタムには逃げられてしまいました。

カティサーク号の船首の像は、馬の尾を掴むナニーの姿です（下図右側）。カティサーク号はティーレースで優勝することはありませんでしたが、紅茶史の遺産として愛され、今も多くの人が訪れます。

カティサーク号

COLUMN★5　カティサーク号

「カティサーク号」は、19 世紀に茶を運んだ帆船ティークリッパーのうち、現存する唯一の船です。歴史的なクリッパーレースに名を残したティークリッパーには他に、105 ページでご紹介したエアリアル号とテーピン号があります。

エアリアル号は 1872 年 1 月にロンドンからシドニーに向けて出航しましたが途中で行方不明に、テーピン号は 1871 年 9 月にニューヨークへの航海中に南シナ海で難破しました。

一方､カティサーク号は､1869 年にスコットランドのダンバートンで進水しました。翌年 1870 年 2 月にワインやスピリッツ、ビールを積み、ロンドンから上海への処女航海に向かいました。

そして 1870 年 6 月に上海で茶を積んでロンドンに戻ったのが、ティークリッパーとしての最初の航海でした。1877 年を最後に、その後は石炭やジュート、羊毛などを運びました。

1957 年からは、天文台で有名なロンドンの世界遺産グリニッジにおいて一般公開されています。長年にわたり野外展示されたカティサーク号は、風雨や船の重みによる老朽化が進んだため、2006 年 11 月より修復工事が行われていました。

しかし、翌年 2007 年の 5 月 21 日早朝、激しい炎と煙を上げて燃えてしまいました。その日は朝から BBC ニュースで火災の様子が放映されたのですが、言葉が出ないほどショッキングな光景でした。

当初は放火が疑われ捜査されましたが、イギリス警察による後の発表によると、なんと週末に作業現場の掃除機の電源を切り忘れたままだったことが原因だったのです。この火災によって 3 つのデッキと、工事用足場、工具が焼け、鎮火後に残された真っ黒な残骸の映像は信じがたく、悪い夢でも見ているようでした。

ただ、損傷修復のためにデッキやマストなどの重要パーツが

CHAPTER ★ 3

紅茶の基礎知識・2

～産地と歴史～

紅茶の産地

紅茶は、生産された地域の名前がそのまま紅茶の銘柄となっています。現在、茶樹は世界70か国以上で育生されており、その数は年々増えています。

また国ごとに複数の生産地域を持ち、同じ国内であっても次のような様々な条件により、紅茶の特徴は変化します。

・栽培地域の環境（高度、土壌、水はけなど）
・栽培品種や栽培方法
・その年の気候（気温、湿度、モンスーン状況など）
・収穫時期
・摘採方法や製造方法

ロンドンのティールームの中には、アフタヌーンティーのティーのメニューだけで10ページほどもあるところがあり、ゲストはその中からセレクトしてオーダーします。時には希少な茶葉が贅沢に何種類も並んでいることもあり、それを見つけた時には目が釘付けになってしまいます。

しかし、あまりの選択肢の多さからどのようにして選んでよいのか分からず困ってしまい、「飲んだことがあるから安心な紅茶」や「有名で聞いたことがある銘柄だから」という理由だけで選んでしまう方も少なくありません。

茶葉のセレクトに困ってしまったら、ティールームにいらっしゃるティーソムリエさんに相談するのももちろんお勧めですが、その時の気分などに合わせて迷う時間も、ティータイムの醍醐味の1つです。

本章では、世界に多数あるお茶の生産地のうち、主要な一部の産地をご紹介いたします。

産地ごとの概要、収穫時期や旬、茶葉や茶液の色などの特徴だけでなく、お勧めの飲み方を比較してみましょう。

インド

インドは19世紀よりイギリスの資本によって紅茶栽培が開始された世界最大の紅茶生産量国です。

主な生産地はインド北部と南部に分かれます。インドは南北で気候に差があるため、それぞれの産地で特徴の異なる紅茶が作られています。

またダージリン、シッキム、アッサム、ニルギリ、ドアーズなどの産地は、四季ごとに個性に変化のある紅茶を楽しむことができます。

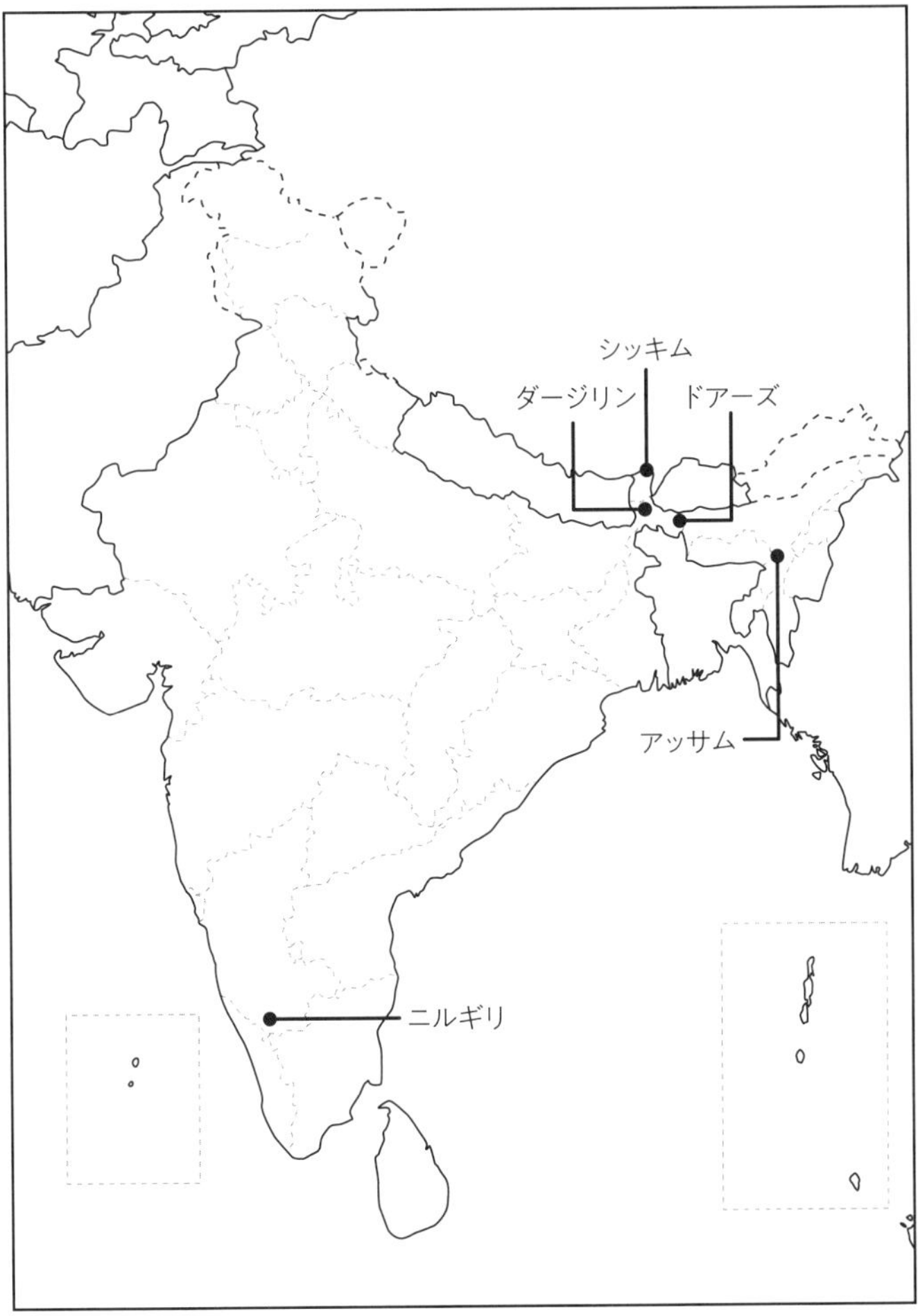
シッキム
ダージリン
ドアーズ
アッサム
ニルギリ

インド

ダージリン

ダージリンは、インドの北東部、西ベンガル州の最北に位置し、ネパールやブータンに隣接している。1850年代に茶園が開発され、イギリス人のA・キャンベル博士がダージリンで中国種の茶樹の栽培を成功させた。

旬は4回あり、その年の最初に芽吹いた茶葉ファーストフラッシュから、セカンドフラッシュ、モンスーンフラッシュ、そして最終のオータムナルフラッシュまで、季節ごとに異なる特徴を楽しむことができる。特に、ファーストフラッシュは収穫量が少ないため、希少価値が高い。本書では、よく流通しているファーストフラッシュとセカンドフラッシュ、オータムナルフラッシュについて紹介する。

チベット語で「雷の地」を意味する「ドルジェリング」が変化して「ダージリン」となったように、ダージリンは雷の多い地で、この雷が植物の成長に影響を与えているとされる。茶樹はヒマラヤ山岳地帯の標高300メートルから2200メートルの険しい急斜面で栽培されている。気候は冷涼で、朝晩の冷え込みと日中の寒暖差によって発生する濃い霧、そしてヒマラヤからの冷たい風にさらされて育まれる。霧が晴れ、日光が湿った茶葉を乾かす独特の環境が、優雅な渋みと深いコクを生み出している。

【収穫時期と旬】

- ファーストフラッシュ……3月から4月　その年の最初に芽吹いたばかりの若葉を摘む
- セカンドフラッシュ……5月から6月　その年の2番目に摘む。初夏に入って日が長くなり、気温も上昇し、香味の深みが増して年間で最もバランスが良い紅茶となる
- オータムナルフラッシュ……雨季が過ぎ、乾季に入る10月から11月　少量ではあるが、その年の最後に収穫される

【茶葉の色】

- ファーストフラッシュ……緑茶に近い緑色から濃い緑色
- セカンドフラッシュ……緑がかった茶褐色
- オータムナルフラッシュ……赤みを帯びている

【茶液の色】

- ファーストフラッシュ……山吹色や濃いオレンジ色
- セカンドフラッシュ……明るめのオレンジ色
- オータムナルフラッシュ……赤みがかったオレンジ色

【香り】

- ファーストフラッシュ……フレッシュで爽やかな香り
- セカンドフラッシュ……特に上質な茶葉は、ダージリン特有の果物が成熟したような芳醇かつ華やかなマスカテルフレーバーを持つものがあり、マスカテルやムスクのように表示される
- オータムナルフラッシュ……穏やかながら、草や花のように優雅なダージリンの個性は残る

【味】

- ファーストフラッシュ……スッキリとした渋み
- セカンドフラッシュ……優雅な渋み
- オータムナルフラッシュ……セカンドフラッシュよりも優しい味わい

【主流の製造方法・グレード】 OP

【おすすめの飲み方】 ストレートティー

シッキム

ダージリンの北、ネパールとブータンの間に位置する。以前はシッキム王国という国だったが、1975年よりインド領になった。ヒマラヤ南麓にあるシッキム州唯一の茶園「テミ茶園」は、1969年に南シッキム州政府により設立され、オーガニック製法で紅茶を生産している。

テミ茶園は、標高1200メートルから1800メートルの高地にあり、昼間と朝晩の寒暖差が大きいというダージリンに似た気候の中で、ダージリンに近い特徴の茶葉が作られている。ダージリンから譲り受けた苗木が育てられているので、香味はダージリンと似ている。

茶園が1か所のみのため生産量は少なく、希少価値が上がり、高値が付けられている。近年、高品質の茶葉を作り出すようになったことで、世界で高い評価を受けている。

【収穫時期と旬】 3月から11月にかけて茶葉が摘まれ、ファーストフラッシュ（3月から4月）やセカンドフラッシュ（5月から6月）、モンスーンフラッシュ（6月から9月）、オータムナルフラッシュ（10月から11月）がある

【茶葉の色】 緑がかった黒褐色

【茶液の色】 淡いオレンジ色

【香り】 希少な銘柄ではあるが、どのフラッシュも良質なフラワリーな香りを持つ。セカンドフラッシュの中でも特に良質なものは、ダージリンのようなマスカテルフレーバーを放つ

【味】 まろやかで口当たりが良く、コクのある優しい甘さがある。渋みはダージリンよりも軽やか

【主流の製法・グレード】 OP

【おすすめの飲み方】 ストレートティー

アッサム

アッサムは、インドで最初に紅茶が栽培された場所（CHAPTER2の99ページ参照）。インド北東部のアッサム州には、ヒマラヤ山脈のチベット側からベンガル湾に注ぐ壮大なブラマプトラ河の流域に、多数の茶園が広がっている。

1823年にイギリス人のロバート・ブルース少佐が、中国以外の地では初めて、ビルマ国境付近で野生の茶樹を発見した。その後、イギリス資本により茶園が開発された。

海抜に近い広大な平野で、インド大陸の中でも特に日照時間と気温、降水量に恵まれ、高温多湿という茶樹の生育に適した環境で、インド茶全体の半分以上を生産する。イギリスにおいて、格式の高い社交の場や五ツ星ホテルから、カジュアルなティールーム、スーパーマーケットの紅茶売り場まで、一番よく見かけるのは、このアッサムかもしれないほど。私たちがいただくのは主にセカンドフラッシュである。

【収穫時期と旬】 ファーストフラッシュ（3月から4月）、セカンドフラッシュ（5月から6月）、モンスーンフラッシュ（7月から9月）、オータムナルフラッシュ（10月から11月）があり、特に5月から6月が旬

【茶葉の色】 少しグレーがかった黒

【茶液の色】 濃厚な赤褐色の茶液

【香り】 高品質のセカンドフラッシュはゴールデンチップを多く含み、モルティフレーバーと呼ばれる甘く芳醇な香りを放つ

【味】 深い渋みとコクがある
ロンドンの水のような硬水で淹れると、渋みが抑えられ、飲みやすくなる

【主流の製造方法・グレード】 OP　CTC製法

【おすすめの飲み方】 ストレートティー　ミルクティー

ニルギリ

ニルギリは、インド南部のスリランカにほど近い丘陵地に位置する。アッサムで茶樹が発見されて以来、インド各地で茶樹の栽培が行われ、1850年代に茶園作りに成功した。

ニルギリという地名の由来は諸説あるが、タミル語で「青い山」を意味するこの地には、12年に一度青いクリンジの花が咲き、山々を青色に包むことがその由来の1つ。

朝夕と日中に気温差があり、紅茶栽培に適した環境。個性が弱いので、ブレンドティーやアレンジティーとして幅広く使いやすい茶葉である。

【収穫時期と旬】
茶樹は年間通して生産されるが、旬は年に2回ある
- 西側斜面……1月から2月
- 東側斜面……8月から9月

【茶葉の色】 明るめの茶色

【茶液の色】 赤みを帯びたオレンジ色

【香り】 旬のニルギリは、草や花のような爽やかな香り

【味】 スリランカに近い気候柄、セイロン紅茶に近いマイルドな味わい

【主流の製造方法・グレード】 OP　BOP　CTC製法

【おすすめの飲み方】 ストレートティー　ミルクティー

ドアーズ

ドアーズは、インド北東部のヒマラヤ山麓にある。ブラマプトラ川流域の東側に広がる広大な丘陵地帯で、ダージリンとアッサムの間に位置する。地理的にだけでなく、香味もダージリンとアッサムの特徴をあわせ持つ。主にインド国内で、ブレンド用やティーバッグ用に消費されるため、日本ではあまり知られていない。

渋みも抑えめでクセが少ないので、ブレンドティーやフレーバードティーのベースとして使われることが多い。

【収穫時期と旬】 春と秋の2回

●ファーストフラッシュ……3月から4月

●セカンドフラッシュ……10月から11月

【茶葉の色】 暗い茶色

【茶液の色】 濃い赤色

【香り】

●ファーストフラッシュ……香り高い

●セカンドフラッシュ……ローズオータムナル（バラ色の秋摘み茶）と呼ばれ、バラのような香りが漂い華やか

【味】 まろやかながらもアッサムのコク深さを感じる

【主流の製造方法・グレード】 CTC製法

【おすすめの飲み方】 ストレートティー　ミルクティー

スリランカ

インドの南東にある島国スリランカでは、茶樹の栽培の歴史は1860年代から始まりました。元々栽培していたコーヒー豆がさび病で全滅してしまい、コーヒー豆に変わって紅茶の栽培に取り組むようになったのです。

1948年にイギリスから独立し、その後「セイロン」から「スリランカ」に国名が変わったものの、現在もセイロンティーという昔の国名を残した名前で呼ばれています。

島の中心にそびえる大きな中央山脈の影響により、山脈の東西でモンスーン（季節風）期が分かれ、収穫時期にズレが生じます。

6月から9月の南西モンスーンの時季には中央山脈の西側は雨季、東側は旬を、また11月から2月の北東モンスーンの時季には中央山脈の東側は雨季、西側は旬を迎えます。

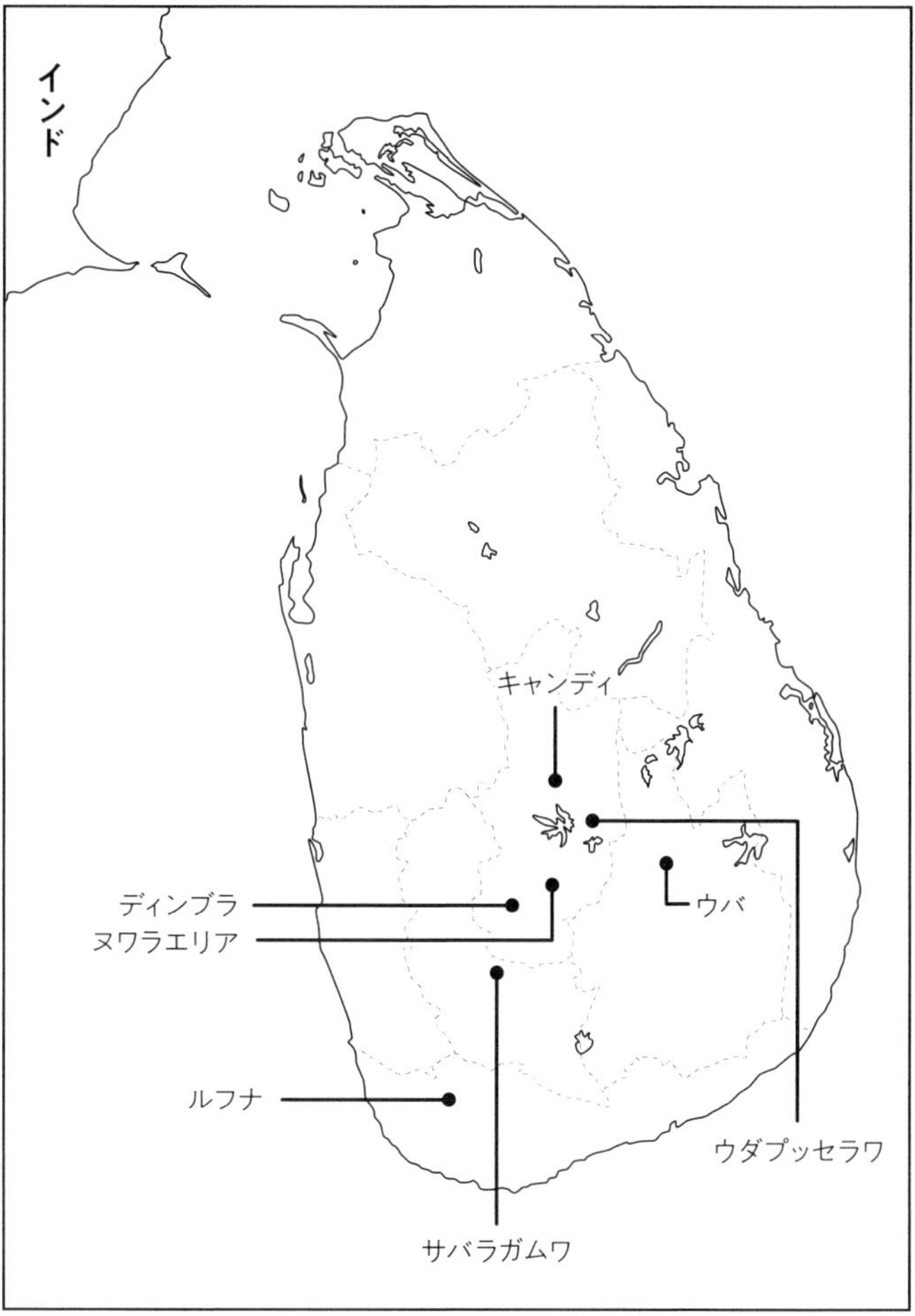
インド
キャンディ
ディンブラ
ヌワラエリア
ウバ
ルフナ
ウダプッセラワ
サバラガムワ

スリランカ

スリランカの紅茶の種類は、標高と産地で次のように分けられています。
・ローグロウン……約６００メートル以下
例）ルフナ、サバラガムワ
・ミディアムグロウン……６００メートルから１２００メートル
例）キャンディ
・ハイグロウン……約１２００以上
例）ディンブラ、ウバ、ヌワラエリヤ、ウダプッセラワ

ルフナ

ルフナはシンハラ語で「南」を意味し、地名ではなく、その地区一帯を指す。中央山脈南側の平野部の広範囲に広がり、スリランカで最も標高の低い産地である。

4月から6月、10月から11月と雨季が二度あり、大量の雨と高温多湿により、茶の成長が促進され、年間を通じて約1週間ごとに茶摘みができる。

日本ではあまり馴染みのない銘柄だが、強い風味が中近東や北アフリカの人々に好まれ、良質なものは高値で取引される。

【収穫時期と旬】 通年
【茶葉の色】 濃い黒
【茶液の色】 濃い赤褐色
【香り】 燻したようなスモーキーフレーバー
【味】 渋みは少なく、黒蜜のような深いコクと甘み
【主流の製造方法・グレード】 BOP
【おすすめの飲み方】 ストレートティー　ミルクティー

サバラガムワ

中央山脈の南西側、ルフナの北部にあるお茶の産地。以前はルフナの一部だったが、茶葉生産量の増加とテイストの違いにより、2009年に南はルフナ、北はサバラガムワに分けられ、新たな紅茶の産地となった。ルフナに似た特徴を持ちながらも、違った味わいも持ち合わせている。

認知度はまだ低いが近年人気が高まり、特に中近東や北アフリカに多く輸出されている。

【収穫時期と旬】 通年

【茶葉の色】 黒褐色

【茶液の色】 濃い赤褐色

【香り】 穀物のような甘く香ばしい香り

【味】 渋味は少なめで、濃厚な味わいと深いコクの中に、黒糖のようなほろ苦さを感じる

【主流の製造方法・グレード】 BOP

【おすすめの飲み方】 ストレートティー　ミルクティー

キャンディ

ミディアムグロウンの地にあり、モンスーンの影響を受けにくく年間を通して穏やかで、気候の変化があまりない。「紅茶の父」と呼ばれたジェームス・テイラーによってスリランカで最初に紅茶の生産が行われた場所として知られている。ジェームスは1852年にスコットランドより到着し、スリランカでコーヒー豆にさび病が発症すると、1866年にインドに出向き、茶樹の栽培について学んだ。帰国後の1867年、ルーラコンデラの地に植えたアッサム種の茶樹の栽培に見事に成功し、「セイロン紅茶の生みの親」としてこの地に眠っている（CHAPTER2の106ページ参照）。

ブレンド用として使用されることがほとんどで、キャンディの銘柄で飲むことはあまり多くない。

【収穫時期と旬】 通年
【茶葉の色】 やや黒味を帯びた褐色
【茶液の色】 鮮やかでやや濃い赤色
【香り】 マイルド
【味】 渋味は穏やか
【主流の製造方法・グレード】 OP　BOP
【おすすめの飲み方】 ストレートティー　ミルクティー

ディンブラ

中央山脈の南西部に広がるハイグロウンの広大な地区。北東モンスーンが山岳地帯に当たって乾いた風を運び、上質な紅茶を作る。

コーヒー栽培が壊滅した後、山の西側にあったコーヒーの樹を一掃して茶樹を植え、開拓された。

突出した個性はなく、香り、味わい、渋味ともにバランスが良いため、ブレンドティーやアレンジティーなど使い勝手が良く、色々な飲み方を楽しむことができるオールマイティーな紅茶。

【収穫時期と旬】 通年　旬は1月から2月
【茶葉の色】 明るめの褐色
【茶液の色】 鮮やかな紅色
【香り】 バラのようなフラワリーな香り
【味】 快い渋み
【主流の製造方法・グレード】 BOP
【おすすめの飲み方】 ストレートティー　ミルクティー

ウバ

中央山脈の東側斜面に広がるハイグロウンの産地。年に2回のモンスーン期があるが、7月から8月にかけてインド洋から吹く南西モンスーンは、ウバの品質に大きく影響する。この季節風は湿気を吸い上げて霧を晴らしながら中央山脈を越え、直射日光が茶葉を乾燥させ、良質な茶葉を作り出す。

CHAPTER2でご紹介したリプトンの「茶園から直接ティーポットへ」の茶園は、ウバのこと（107ページ参照）。

【収穫時期と旬】 通年　旬は8月から9月
【茶葉の色】 茶褐色
【茶液の色】 オレンジ色から明るい真紅色
【香り】 独特の爽快なメントール香（特に旬の時季に作られる最良のウバ）
【味】 刺激的な渋みと、しっかりした味わい
【主流の製造方法・グレード】 BOP
【おすすめの飲み方】 ミルクティー　ストレートティー

ヌワラエリヤ

ヌワラエリヤには「台地の上の街」という意味があり、茶樹はスリランカの紅茶産地の中で最も標高が高く、楕円形のなだらかな斜面で育つ。中央高地山脈の最上部に位置するこの地域は、北東モンスーンと南西モンスーンの両方の影響を受け、二度の旬を迎える。

昼夜の気温差は大きく、赤道付近にありながら冬には霜が降りることもあるが、乾いた風が特有の渋みと上品な香りの茶葉を作り出す。

【収穫時期と旬】 旬は1月から2月頃および、7月から9月頃の2回

【茶葉の色】 オレンジ色っぽい

【茶液の色】 黄金色

【香り】 優雅な花のような香り

【味】 緑茶を思わせる爽やかな渋み

【主流の製造方法・グレード】 OP　BOP

【おすすめの飲み方】 ストレートティー

ウダプッセラワ

ヌワラエリヤとウバの中間に位置し、近年話題になっているハイグロウンの産地。北東モンスーンと南西モンスーンの両方の影響を受けるため、年に2回の旬を楽しむことができる。

ウダプッセラワは、ヌワラエリヤとウバに隣接するという地理的条件から、同じ生産地でも栽培地域や季節によって、ヌワラエリヤとウバそれぞれに似た個性の茶葉が生産される。

特にヌワラエリヤに近い地域では1月から3月頃にヌワラエリヤに似た特徴の茶葉が作られ、ウバに近い地域では7月から9月頃に旬のウバのメントール香を思わせるような茶葉が生産される。

【収穫時期と旬】 地域によって収穫時期が異なるため、2回の旬がある

- ヌワラエリヤに隣接する地域……1月から3月頃
- ウバに隣接する地域……7月から9月頃

【茶葉の色】 明るい茶褐色

【茶液の色】 濃いオレンジ色

【香り】 花のような香り

【味】 清涼感のある渋みとマイルドな味わいを兼ね備えている

【主流の製造方法・グレード】 BOP

【おすすめの飲み方】 ストレートティー　ミルクティー

アフリカ

20世紀に入ると、ヨーロッパからの開拓移民たちによって東アフリカ諸国に次々と茶樹が植えられました。

１９５０年代にティーバッグの需要が拡大するとより多くの茶葉が必要となり、生産を拡大し紅茶生産国として急成長を遂げました。ほとんどは赤道直下のケニアやタンザニア、ウガンダ、マラウイ、ルワンダなどで生産され、ブレンドやティーバッグの原料用として、年間を通して安定した品質の紅茶を大量にヨーロッパ諸国を中心に世界へ供給しています。歴史は浅いながらも、インドやスリランカと並ぶ紅茶生産国に仲間入りしました。

近年の気候変動により、アフリカの産地は困難に直面しています。地球温暖化が不規則な雨や干ばつと土壌の変化、新たな害虫発生などを引き起こし、茶葉産業に危機的状況をもたらしていると心配されています。

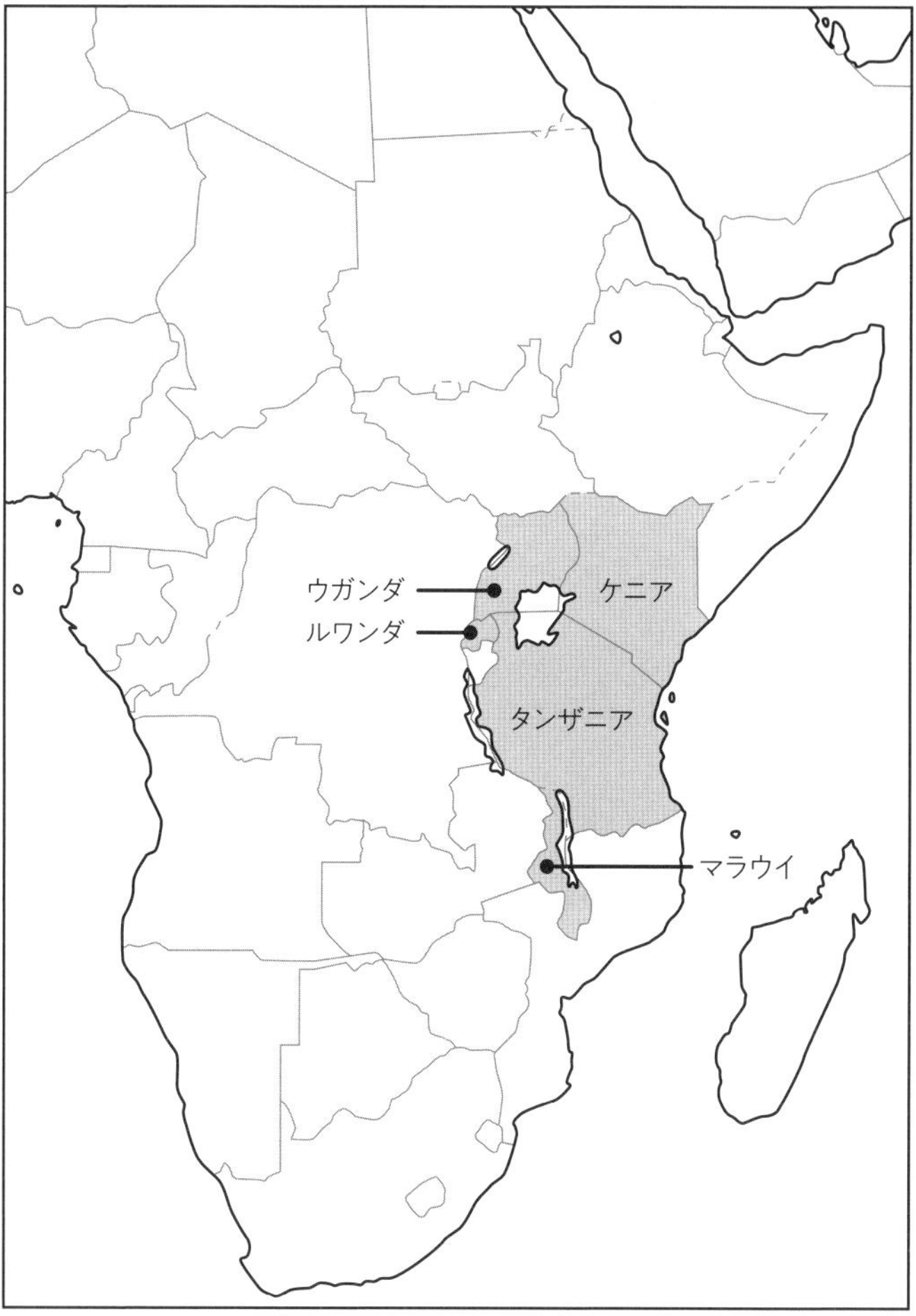

アフリカ

ケニア

ケニアは国土の大部分が標高1100メートルから1800メートルの高原地帯にあり、赤道直下にありながら気候は冷涼で湿潤なサバンナ気候に属す。年間を通して気候が安定し、土壌も良く、茶葉の成長が早いため1週間から2週間の間隔で茶摘みが可能な、とても生産性の高い地域。乾季となる1月から2月と7月から8月は、風味と強度の増した最高品質のお茶が作られる。

イギリスより移住したG・W・L・カインは、1903年にケニアに最初の茶樹をナイロビの近くのリムルに植え、その樹は今もマブローキー茶園に残されている。1920年にイギリスの植民地となった際にイギリス資本による大規模なプランテーションが始まり、第二次世界大戦後まで拡大した。独立後はケニア紅茶開発局（Kenya Tea Development Agency：KTDA）が設立され、小規模農家の茶栽培を促進している。

大半がティーバッグやブレンドティー用の茶葉として輸出されている。イギリスでは日常用の紅茶として需要が大きく、スーパーマーケットなどでよく見かける銘柄。

【収穫時期と旬】 通年
【茶葉の色】 黒味を帯びた褐色
【茶液の色】 明るく澄んだ紅色
【香り】 フレッシュ
【味】 マイルドで適度な渋みとコクのある味わい
【主流の製造方法・グレード】 CTC製法
【おすすめの飲み方】 ストレートティー　ミルクティー

タンザニア

１９０２年にドイツからの移民により紅茶が伝えられ、１９２６年から商業生産が始まった。アフリカ最高峰のキリマンジャロやヴィクトリア湖、タンガニーガ湖と壮大な自然に囲まれている。

主な生産地は国の南東部、北東部、北西部にあり、赤道付近なので四季の変化はない。しかし地域ごとに、１年の異なる時期に乾季が訪れる。ケニア同様、赤道直下にありながら冷涼で湿潤なサバンナ気候。

茶葉はイギリスに多く輸出され、主にティーバッグ用の原料やブレンド用として使用されている。

【収穫時期と旬】 ほぼ通年
【茶葉の色】 暗褐色
【茶液の色】 濃い赤色
【香り】 マイルド
【味】 まろやかでクセがなく、渋みが少なく優しい飲み口
【主流の製造方法・グレード】 CTC製法
【おすすめの飲み方】 ストレートティー　ミルクティー

マラウイ

　１９６４年にイギリスから独立するまではニヤサランドまたはニヤサランド保護領と呼ばれていた。

　５月初め頃から10月に乾季と、12月から５月初め頃に雨季があり、雨季に年間生産量の８割ほどを量産する。

　マラウイの紅茶栽培の歴史はアフリカで最も古く、１８７８年にイギリスからの移民が試験的に茶樹を植えたとされる。１８９０年代に大規模な栽培が始まり、現在アフリカ大陸でケニアに次ぐ２番目のお茶の産地。

　ティーバッグやブレンドティー用の茶葉として輸出されている。

【収穫時期と旬】 通年　12月から5月が量産期
【茶葉の色】 明るめの褐色
【茶液の色】 鮮やかな紅色
【香り】 フレッシュ
【味】 軽やかで、あっさりしている
【主流の製造方法・グレード】 BOP　CTC製法
【おすすめの飲み方】 ストレートティー　ミルクティー

ウガンダ

ウガンダはケニア、マラウイに次いでアフリカ第3位の紅茶生産国。最初の茶樹は1900年までに育てられ、1950年代半ばまでにウガンダの主要な農作物になった。しかし1970年代から1980年代まで続いた政治的混乱により、紅茶産業はほとんど崩壊してしまった。1980年代後半から生産が再開され、EUによる支援や小規模農園の民営化を促進させるプログラムにより生産量を回復させた。

現在、国内で生産する茶葉の約90パーセントが輸出されている。紅茶産業はウガンダで重要な資金源となっており、多くの雇用を生み出している。

茶葉は主に、ティーバッグやブレンド用として使用されている。

【収穫時期と旬】 通年
【茶葉の色】 明るい褐色
【茶液の色】 オレンジ色から明るい紅色
【香り】 ソフト
【味】 マイルドで軽く飲みやすい
【主流の製造方法・グレード】 CTC製法
【おすすめの飲み方】 ストレートティー　ミルクティー

ルワンダ

ルワンダはアフリカ大陸の中央部に位置し、タンザニア、ウガンダ、コンゴ、ブルンジに隣接している。赤道付近にあるが標高が高いため年間を通して気候は温暖で、肥沃《ひよく》な火山性土壌と豊富な雨量がお茶の栽培に適している。

１９５０年代にお茶が持ち込まれ、当初から高品質の紅茶を生産してきた。１９９４年の内戦により生産量は落ち込んだが、壊滅的な影響が克服されると業界はティーバッグ用の高品質のＣＴＣ紅茶を生産し続けた。今日、茶栽培は国の最も重要な換金作物の１つとなっている。

【収穫時期と旬】 通年

【茶葉の色】 艶やかな黒

【茶液の色】 ごく淡く透明感のある褐色

【香り】 爽やか

【味】 渋みはあまりなく、滑らかな喉越しとまろやかな味わい

【主流の製造方法・グレード】 OP　CTC製法

【おすすめの飲み方】 ストレートティー

中国

中国はお茶発祥の地とされ、緑茶、烏龍茶、プーアール茶など、多種多様なお茶が生産されています。

19世紀後半以降、インドやセイロンがイギリスの植民地となり、紅茶の生産力を上げたことで、中国の紅茶生産は衰退していきました。

現在、中国で生産されているお茶のほとんどは緑茶で、紅茶の生産量は多くないものの、イギリスでは古くから根強い人気があります。

代表的な紅茶の産地は、安徽省《あんきしょう》の祁門《キーマン》、雲南省《うんなんしょう》、福建省《ふっけんしょう》で、それぞれ違った特徴を持っています。いずれもイギリスのティールームでよく見かける定番の紅茶メニューです。

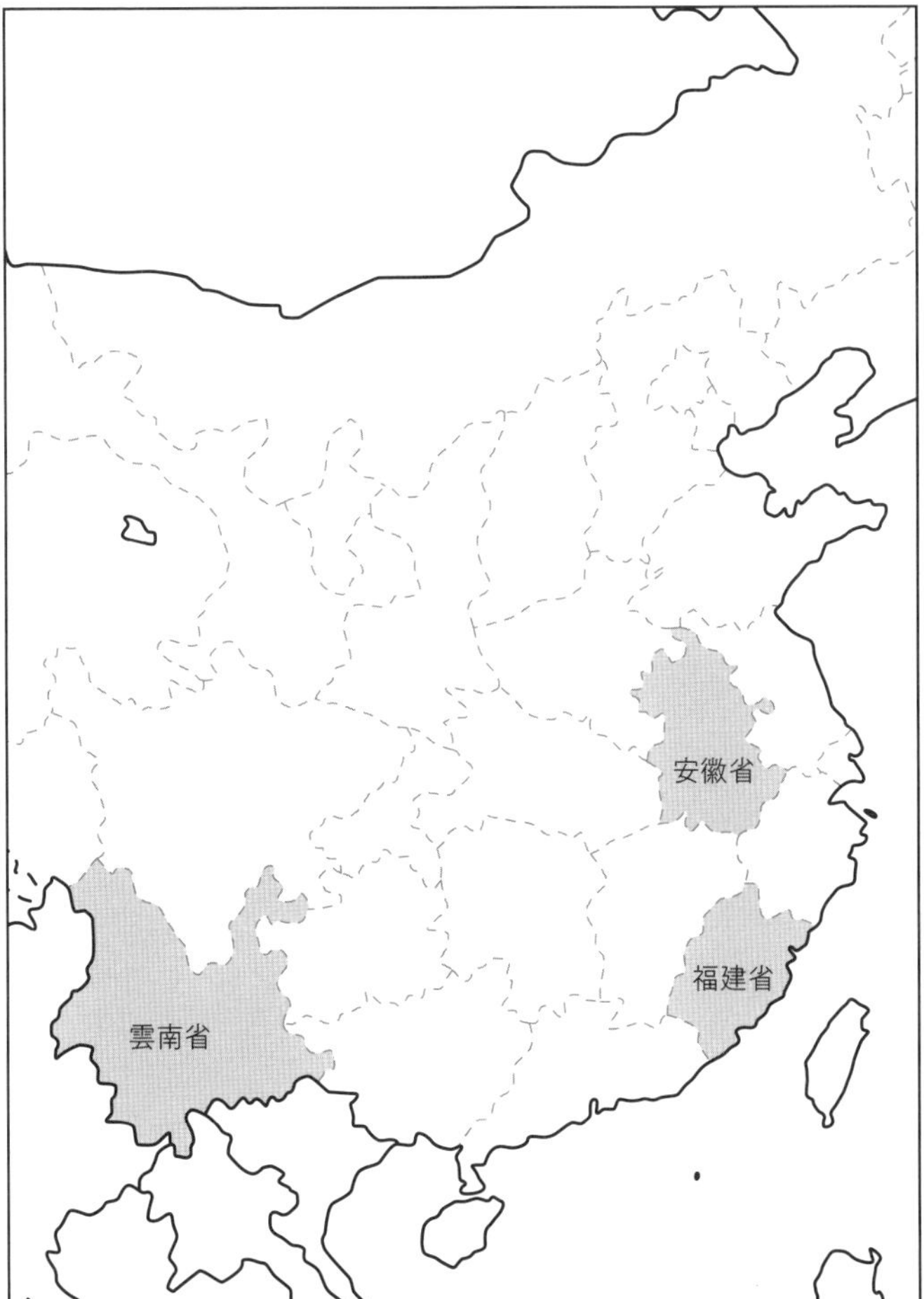

中国

祁門

上海の西に位置する安徽省祁門県にある生産地で、キーモンやキームンとも呼ばれる。

1870年代までは緑茶を作っていたが、1876年から紅茶の開発を始めたところ、紅茶栽培に適した気候に恵まれ、良質な紅茶作りに成功した。国内ではほとんど消費されず、輸出されることが一般的。特に、オリエンタルな香りはイギリス人を魅了してきた。

茶葉は針状に細かく撚り手間暇かけて作るので「工夫紅茶」と呼ばれ、生産量500トンのうち特級品は1割未満とされている。

ヴィクトリア女王の誕生日に献上されたり、エリザベス女王2世のお気に入りの紅茶だったりと有名である。

【収穫時期と旬】 4月から8月頃　特級品は8月

【茶葉の色】 黒か灰黒色

【茶液の色】 濃いオレンジ色から澄んだ黄褐色

【香り】 独特のスモーキーフレーバー　特級品は蘭やバラのような甘い香りが漂う

【味】 甘く芳醇で、かすかな渋みとスッキリとした喉越し

【主流の製造方法・グレード】 OP

【おすすめの飲み方】 ストレートティー　ミルクティー

雲南

雲南省は中国南西部に位置し、ミャンマー北部、ベトナム北部、ラオス、アッサム東部を含むヒマラヤ山脈一帯は、茶樹の原産地と伝えられている。

1700年以上も前から自然の茶樹を利用してお茶の生産が行われてきたと言われているが、紅茶の生産が始められたのは19世紀末から。

茶樹は「雲南大葉種《うんなんだいようしゅ》」というアッサム系の品種が栽培され、ゴールデンチップを多く含む大きな茶葉が特徴。雲南は、「滇《てん》」と呼ばれることから、雲南紅茶のことを滇紅《てんこう》とも言う。

【収穫時期と旬】 3月から11月　春摘みが上質

【茶葉の色】 黒褐色で大きなゴールデンチップが入っている

【茶液の色】 澄んだ紅色

【香り】 独特のスパイシーな香り

【味】 強めのコクとやわらかな渋み、後に残るまろやかで蜜のような甘み

【主流の製造方法・グレード】 OP

【おすすめの飲み方】 ストレートティー　ミルクティー

正山小種

ラプサンスーチョンは、中国の福建省北部に位置する武夷山の桐木村《とんむ》で、世界で初めて作られたフレーバードティー。正山は武夷山、小種《スーチョン》は小さめの茶葉を意味する。

一説として、傷んだ葉の悪臭を隠すために松の木を燃やして焙煎したところ、葉が煙の香りを吸収して西洋人好みのお茶ができたことが始まりと言われている。

新鮮な木材を燃やすのか、古く乾燥した木材を燃やすのかによって、香りの度合いが調整される。香りが独特なので好みがはっきりと分かれるが、ロンドンの五ツ星ホテルや郊外のマナーハウスなどのアフタヌーンティーでも人気で、オーダーしている人をよく見かける。

【収穫時期と旬】 5月から6月
【茶葉の色】 黒色
【茶液の色】 濃い赤色
【香り】 独特のスモーキーな香り
【味】 渋みは少なく程よいコクがあり、爽やかでスッキリとした味わい
【主流の製造方法・グレード】 OP
【おすすめの飲み方】 ストレートティー

その他の地域

世界中で増え続ける紅茶需要に応えて、前述の地域以外の多くの国でも生産量を伸ばしています。

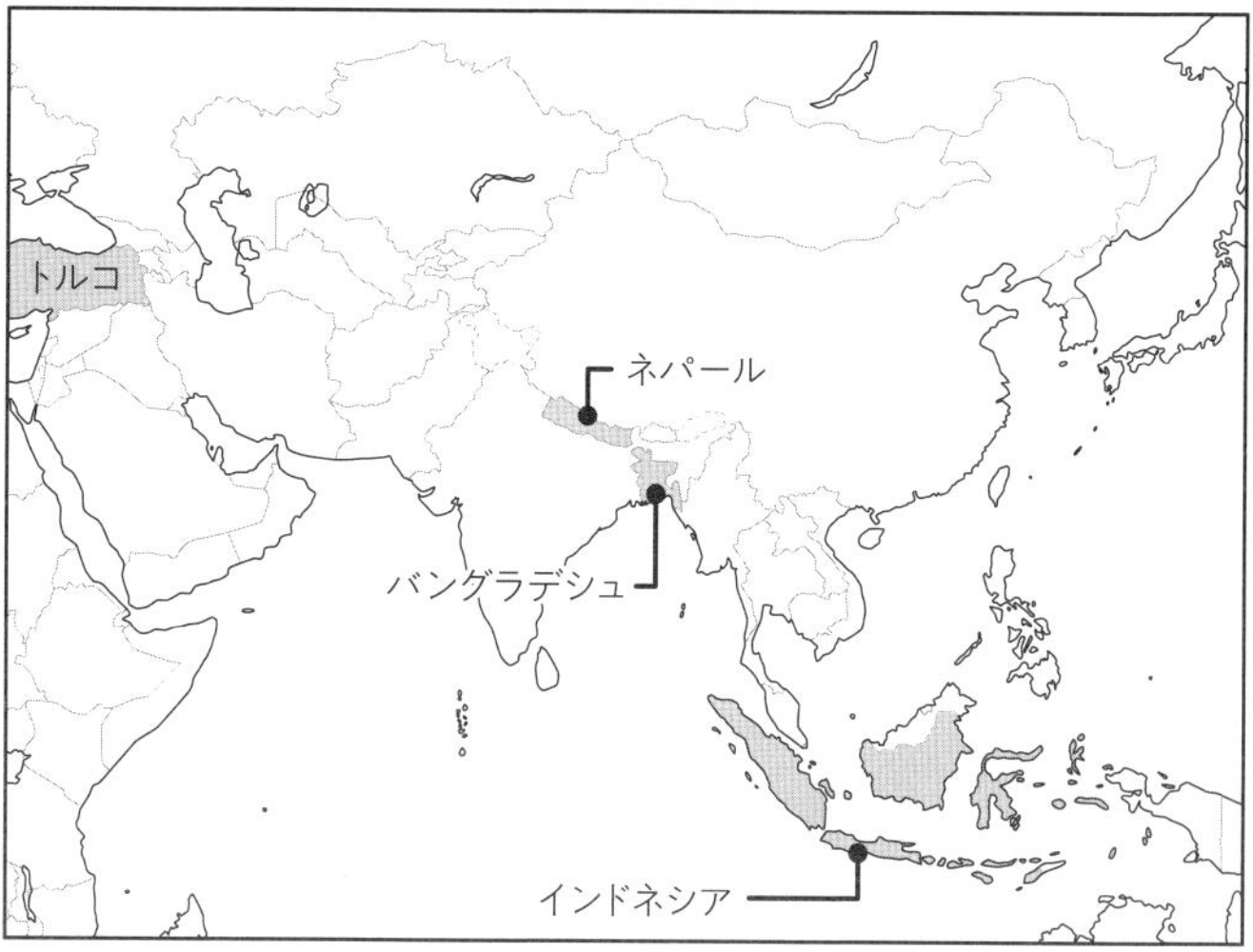

紅茶の生産量を伸ばす国々

インドネシア

オランダ植民地時代の19世紀にオランダ東インド会社によって開拓され、１８７０年代にプランテーションが本格化した。第二次世界大戦中に紅茶栽培は一気に衰退し、独立戦争により復興も遅れたが、戦後は徐々に復活した。

栽培地はジャワ島西部のバンドン周辺にあり、インドネシア国内の紅茶生産量の約65パーセントがこの地域で生産されている。標高１５００メートル超の丘陵地帯にあり、昼夜の寒暖差により発生する濃霧と、水はけが良く、肥えた土壌が良質の茶葉を作り出している。年間を通して温暖で、通年安定した収穫ができるが、乾季の6月から9月頃は特に品質が良いと言われている。

【収穫時期と旬】 通年　旬は6月から9月
【茶葉の色】 赤褐色
【茶液の色】 明るく澄んだ紅色から赤褐色
【香り】 マイルド
【味】 スッキリとしてクセがなくマイルド
【主流の製造方法・グレード】 OP　BOP
【おすすめの飲み方】 ストレートティー　ミルクティー

ネパール

ネパールの紅茶の起源については諸説あるが、本格的に紅茶栽培が始まったのは20世紀後半以降。ネパールは1951年までラナ王朝に独裁的に支配され、国際社会から孤立状態だった。ラナ王朝が終焉を迎えて国境が開かれると、紅茶産業の発展へと進み始めた。

ネパールの紅茶のほとんどは、南部の平原地帯タライと東部の高地イラムで栽培されている。ダージリンやシッキムに地理的に近く、気候も似ているので、紅茶の特徴もよく似ている。

【収穫時期と旬】 3月から11月に収穫され、ファーストフラッシュ（3月から4月）、セカンドフラッシュ（5月から6月）、モンスーンフラッシュ（7月から9月）、オータムナルフラッシュ（10月から11月）がある

【茶葉の色】 黒と緑が混ざっている

【茶液の色】 淡いオレンジ色（収穫時期が遅くなるにつれて濃い色になる）

【香り】 優雅で華やか

【味】 渋みがあって華やか

【主流の製造方法・グレード】 OP　BOP

【おすすめの飲み方】 ストレートティー

バングラデシュ

バングラデシュは、北部はヒマラヤ山脈、南部はベンガル湾に面している。

19世紀にアッサムで紅茶栽培に成功した後、インド領だったアッサムの南側にあるシルヘットや、ベンガル湾に面したチッタゴンの丘陵地帯で紅茶栽培が始まった。

1947年に東パキスタンとなったが、東西パキスタンは対立し、1971年にパキスタンから独立してバングラデシュと改名した。内戦中は紅茶の収穫量・品質がひどく低下したが、その後は政府の復興政策によって回復していった。

熱帯性気候に属し、3月から6月の雨季、その後10月頃のモンスーン期、12月から3月の乾季に分かれる。

【収穫時期と旬】 3月から12月頃
【茶葉の色】 黒褐色
【茶液の色】 明るい紅色
【香り】 アッサムに似ているが、落ち着いた香り
【味】 アッサムに似ているが、わずかにスパイシー
【主流の製造方法・グレード】 CTC製法
【おすすめの飲み方】 ストレートティー　ミルクティー

トルコ

意外に思われるかもしれないが、トルコは紅茶消費大国である。チャイハネと呼ばれる茶店があちらこちらにあり、お昼から老若男女問わず紅茶を楽しんでいる。トルコではミルクは入れずに、お好みでスパイスや砂糖を入れて飲むことが多い。

元々は紅茶よりもコーヒーが多く飲まれる国だったが、1923年にオスマン帝国が崩壊すると、アラビアからのコーヒーの供給が滞ったことで紅茶の需要が高まっていった。

主な紅茶の産地はトルコ北東部。黒海に面するリゼを中心とする海岸地帯から、標高1000メートルの急な丘の中腹で栽培されている。

気候は温暖で、肥沃な土壌と豊富な雨量により、高品質な紅茶が作られる。

【収穫時期と旬】 5月から10月頃まで
【茶葉の色】 黒っぽい
【茶液の色】 澄んだ紅色
【香り】 穏やか
【味】 ほのかな甘み
【主流の製造方法・グレード】 BOP
【おすすめの飲み方】 ストレートティー

イギリスの定番ブレンド

イギリスでは日常使いのものや王室御用達のものなど、たくさんの紅茶メーカーがあります。時間帯やシーンに合わせたブレンドや英国王室にまつわるブレンドなどを、各紅茶メーカーが作っています。

朝から1日中紅茶を楽しむイギリス文化についてはCHAPTER1でご紹介しましたが、ここでは紅茶の定番ブレンドをご紹介しましょう。

イングリッシュブレックファストブレンド

イギリスの伝統的な朝食イングリッシュブレックファストのお供と言えば、イングリッシュブレックファストティーです。

CHAPTER1でご紹介したとおり、イングリッシュブレックファストは、イギリス人が毎朝家で食べているというわけではありません。普段はトーストやシリアルなどで軽く済ませる方が多く、イングリッシュブレックファストは旅行先のホテルなどで提供されます。フルサイズのイングリッシュブレックファストは、ボリュームもカロリーもたっぷりです（38ページ参照）。

イングリッシュブレックファストティーは、目覚めたばかりの身体の新陳代謝を良くし、イングリッシュブレックファストのボリューム満点のメニューにも負けないように、しっかりと濃く抽出されるようにブレンドされています。濃いのでミルクを入れて召し上がる方が多いです。

使用する茶葉に決まりはありませんが、パッケージの裏の原材料を見ると、アッサムとセイロンのブレンドということが多く、ケニアがブレンドされているものもよく見かけます。

アフタヌーンブレンド

アフタヌーンブレンドは、午後のティータイムにぴったりなブレンドです。

ダージリンやセイロンの茶葉がブレンドされていることが多いのですが、紅茶メーカーによって使用する茶葉や配合率が異なります。イギリスの紅茶メーカーの中には、紅茶に限らずフレーバードティー、または烏龍茶やハーブをブレンドしているところも見かけます。

ネーミングはアフタヌーンブレンドやアフタヌーンティーブレンドと異なりますが、共通するのは香り高く風味にクセがなく、ビスケットなどの日常的な英国菓子からサンドイッチやスコーンなど特別な日のアフタヌーンティーのメニューにも合うことです。

また、ストレートティーでもミルクティーでも美味しくいただけます。

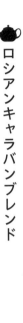

ロシアンキャラバンブレンド

ロシアンキャラバンは、中国紅茶をベースに作られるブレンドです。このブレンド名は、茶葉を中国からロシアまで、ラクダのキャラバン隊で輸送した歴史にちなんでいます。

ヨーロッパでお茶が飲まれるようになった当時、お茶は中国と日本だけで作られていました。中でも特に、ヨーロッパやロシアで好まれた紅茶は、福建省の武夷山で作られたものでした。

お茶は中国からヨーロッパまでは航路で運ばれ、また中国からロシアまでは茶をケーキ状やブロック状に圧縮してラクダに載せ、陸路で約1年半かけて運ばれていました。

イギリスでは紅茶メーカーでもティールームでも、お馴染みのブレンドです。ストレートティーが一般的ですが、イギリスではミルクを入れて楽しむ方も珍しくありません。

ちなみに、中国から発祥したお茶の世界各国での呼び方は、中国の広東語CHA《チャ》と福建語TE《テ》の2つに分類するのが一般的です。これはお茶が陸路を経て伝わったのか、福建省の厦門から航路を経て伝わったのかで異なるとされます。

誤を重ね、2005年にわずか28gながら、最初の茶葉が収穫されました。

現在はまだ生産量が十分でないため、主にインドなど他の産地の茶葉とブレンドしたものが販売され、イギリスのアフタヌーンティーのメニューでもよく見かけます。

2021年にコーンウォールのカービスベイで開催されたG7サミットの公式ティーとされたリーダーズ・ブレックファスト・ティーも話題になりました。

また、トレゴスナンは長年ほうじ茶作りにも取り組んでおり、当時の菅《すが》首相のために特別に作られたお茶は、現在では一般向けに販売されています。

トレゴスナン

COLUMN ★6　トレゴスナン

「イギリスといえば紅茶」のイメージから、「紅茶はイギリスで作られている」と思われる方も少なくありません。しかし実際には本章でご紹介したとおり、紅茶の主な生産国はインドやスリランカ、アフリカなどです。

第二次世界大戦中、イギリスへの食糧供給がドイツ軍によって脅かされ、他の食糧と共に紅茶も配給制になりました。時の首相ウィンストン・チャーチル率いるイギリス政府は、イギリス国内でお茶を栽培する可能性について議論しましたが、気候条件が不向きなことや、植樹から収穫までに歳月を要することから、実現することはありませんでした。その後長らく、「冷涼なイギリスでは茶樹は育たない」というのが常識とされ、疑われませんでした。

しかし、イギリス南西部コーンウォール地方の町、トゥルロにある大庭園「トレゴスナン」では、その常識を覆し、イギリス初の本格茶園の展開を成功させています。トレゴスナンはコーンウォール地方の言葉で「丘の上の領主の邸宅」を意味し、1335年から貴族のボスコーウェン家により所有されています。

ここで1996年からヘッドガーデナーを務めるジョナサン・ジョーンズ氏は、冬の寒さが厳しいダージリンや日本でも茶葉の栽培に成功していること、トレゴスナンの地形や気候、土壌などがダージリン地方と共通点が多いという調査結果、またトレゴスナンには観賞用の日本の椿が19世紀初頭から育っていることから、「ここでも茶樹が育つに違いないと確信を持った」と言います。ジョナサン氏は奨学金を得てインドや中国など世界の主要なお茶の産地を訪れ、お茶の栽培と製造方法について学びました。

そして1999年にトレゴスナンで最初の茶樹を植え、試行錯ド視察を命じ、紅茶製造について学ばせました。彼はインドから栽培技術やアッサム種の種子などを持ち帰り、静岡の丸子で栽培したのが和紅茶の始まりとされます。

この時に持ち帰った茶種子から、「べにほまれ」や「べにふうき」など日本独自の品種が誕生しました。和紅茶産業は発展を見せましたが、1971年に輸入が自由化されると、海外の紅茶に押されて衰退してしまいました。

ひと昔前は「品質が良くない」と評価されていた和紅茶ですが、それも過去のお話です。

平成に入ると生産者たちが活動を再開し、最近新たな和紅茶が次々と誕生して注目されています。四季豊かな日本で育つ和紅茶には、海外の紅茶とは違った魅力があり、柔らかな香味と繊細で優しい口当たりが特徴です。

グレート・テイストアワードのサイトには、最新の星を獲得した和紅茶が掲載されています（詳しく知りたい方は、下記のホームページをご覧ください）。

またイギリスのアフタヌーンティーで、ティーメニューに和紅茶を見つける機会も増えています。

和紅茶のHP：https://greattasteawards.co.uk/results

Column ★7　イギリスで受賞した和紅茶

ひと昔前は、「イギリスの食事はまずい」と一般的に言われていました。

しかし、それは過去のお話――。

最近は随分と美味しくなりました。イギリスの食事が美味しいと感じるのは、イギリス在住歴が長くなり自分の舌が麻痺してしまったのだろうかと疑問に思ったこともあるのですが、日本から移住されたばかりの方も、イメージとのギャップに驚いていらっしゃるので、やはりこの国の食文化は変わったのだと思います。

イギリスの高級食品組合が主催する「グレート・テイストアワード」という食品の国際大会があります。この大会は食のオスカーとも称され、食品業界の向上を目指して 1994 年にスタートしたイギリス発祥の食品審査会です。毎年世界中からエントリーされた 1 万点以上の食品の品質、食感、香りなどを、一流シェフ、バイヤー、レストラン経営者、フードライターなど 500 人以上の食のプロたちが吟味し、評価が一致するまで厳格に審査されます。

評価には一ツ星から三ツ星まであり、星を獲得した食品は、獲得した星の数を表示したグレート・テイストアワードのロゴマークを掲げて店頭に並べることができ、信頼の証しとされます。そして、この名誉ある賞を獲得した日本の紅茶があります。

日本国内で栽培し生産される紅茶は、「和紅茶」（または地紅茶、国産紅茶、日本紅茶）と呼ばれます。和紅茶の生産が開始されたのは、鎖国が終わった明治初期のことです。

当時、日本にとってお茶は生糸と並び重要な外貨獲得源でしたが、世界の需要の主流は緑茶ではなく紅茶だったため、緑茶の輸出は振るいませんでした。

そこで政府は元徳川の幕臣で茶業もしていた多田元吉《ただもときち》にイン

CHAPTER ★ 4

知っておくと
一目置かれる
英国式マナー

ティーのマナー

日本人とイギリス人には、古くからお茶の文化に親しんできたという共通点がありま す。だからこそ日本人はイギリスの紅茶文化に親しみを感じるのかもしれません。

イギリス人にとって紅茶は単なる文化というだけでなく、時には思わぬ論争を巻き起こしてしまうこともあります。

例えば、グラミー賞受賞歌手のAdele《アデル》さんは、彼女のミュージックビデオ「Hello」での紅茶の淹れ方が適切でなかったとして、ファンの一部を怒らせてしまいました。その後彼女は、ビデオの中で紅茶を淹れたのは彼女自身ではないことを理解してもらうのに大変苦労しました。

多くのイギリス人が伝統的な紅茶の淹れ方についてあまり深く考えていないのも現実ですが、紅茶の扱い方1つで物議を醸し出すこともあるという一例です。

ティーカップとティースプーンの位置

ティーカップのセッティング

紅茶を注ぐ器を「ティーカップ」、その受け皿を「ソーサー」と言います。

英国式のセッティングでは、ティーカップのハンドルが右側になるように置きます。上流階級社会では、ティースプーンはソーサーの上に、ティーカップのハンドルの横に縦向きにセットします。

しかし、イギリス国内のホテルやティールーム、また飛行機などでは、ティースプーンはソーサーの上に、ティーカップの奥に横向きにセットされるのが一般的です。

ミルクと砂糖

イギリスでは、紅茶にミルクを入れる場合、「ミルクを先に入れるか、紅茶を先に入れるか」で意見が分かれます。

上流階級社会では紅茶を先に注ぎ、ミルクは後で注ぎます。英国王室元執事のグラント・ハロルド氏は「紅茶より先にミルクを注ぐのは、良い飲み物を買う余裕のない人々がしたこと」とし、英国王室は「18世紀からの伝統のミルクラストルールを守り、エリザベス女王もいつもミルクより先に紅茶を注いでいらした」と言います。

諸説ありますが、ミルクラストルールの伝統は、陶芸家ジョサイア・スポードが作った、高品質で高価なティーカップに熱い紅茶を注いでも割れなかったことから始まったと伝えられています。一方、高価なティーカップを買う余裕がなかった人々は、最初にミルクを注いでいました。

また昔、茶葉が贅沢品だった時代に茶葉をたくさん買う余裕のない人々がティーカップにたっぷりミルクを注いで後から真似事程度に紅茶を注いだという説もあります。

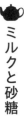

紅茶の混ぜ方

ミルクや砂糖を入れるのはお好みで構いませんが、良質な茶葉本来の香味を楽しむためには、まずストレートで味わい、ミルクや砂糖は少量にするのがお勧めです。またミルクや砂糖を混ぜる時には、「6 - 12 - 6 - 12モーション」で混ぜます。カップを時計に見立てて、スプーンを6時 - 12時 - 6時 - 12時の方向（前後）に静かに動かします。そして、スプーンについた滴《しずく》を静かに切り、カップの奥へ置きます。

ぐるぐる混ぜたり、スプーンをカップの内側に当ててカチカチと音を鳴らすのはマナー違反です。イギリス人は食事中の雑音には敏感ですので、注意が必要です。

ティータイムの時間すべてを通して言えることですが、特に女性は指先を揃え、1つひとつの動作をゆっくりすると落ち着いて見えます。

ティーカップ＆ソーサーの持ち方

まだカトラリー（ナイフやフォークなど）を使って食事をする習慣がなく手づかみで食事をしていた時代、上流階級の人々は親指と人差し指、中指の3本指で食事をし、残りの2本指にスパイスなどを付けていました。当時は3本指で上手く食事ができることが上流階級のステータスとされていました。

テーブルに合わせた持ち方

かつて中国からヨーロッパに伝わった茶器には持ち手がなく、熱いお茶が入った茶器を持つ際にカップに触れる指を減らすために小指を立たせる習慣が流行しました。時を経てハンドル付きのティーカップが誕生すると、薬指と小指の2本指はティーカップを下から支える指となりました。

現在も英国王室では小指を立てて紅茶を飲むという噂がありますが、グラント・ハロルド氏は「そのような持ち方は一度も見たことはありません」と断言しました。

またローテーブル（応接間にあるような低いテーブル）の場合、通常ティーカップとソーサーを膝の上にのせ、左手をソーサーに添え、姿勢を崩さずに右手でティーカップだけを口に運びます。

ハイテーブル（ダイニングテーブルのような高いテーブル）の場合は、カップだけを持ちます。両手でティーカップを包むように持つこともしません。

ティーポットのマナー

ゲストはティーポットには触りません。ティーポットを触って良いのはホストあるいは使用人のみですので、ご自分や他の方のティーカップにお代わりを注いだり、注いでくださったホストに注ぎ返すこともしません。英国式では、おもてなしは基本的にホストにお任せします。

アフタヌーンティーのマナーとエチケット

ヴィクトリア時代、「紳士たるもの、女性のティータイムにも同席できて然り」と考えられており、現在もイギリスのティールームでは年代問わず男性の姿も多くお見かけします。

正統な英国式のアフタヌーンティーと言えば、ホテルなどのティールームでテーブルにティアースタンドをのせるスタイルをイメージされる方が多いかと思います。

ティアースタンドとは、サンドイッチやスイーツなどがのった二段または三段のお皿のことを言います。そのようなスタイルが確立されたのは20世紀に入り、ホテルやティールームでアフタヌーンティーの提供が始められてからです。サービスの簡素化やスペースを広げるために考えられました。元々は、自宅にゲストを招き、使用人がコースごとにおもてなしをするというスタイルから始まりました。

アフタヌーンティーのマナー

マナーという言葉は、イギリスの「マナーハウス」が語源です。ご一緒する方と楽しい時間を過ごすための約束事のことで、特にイギリスの上流階級では重要視され、幼少期から日常生活の中で伝えられ身に付いています。貴婦人たちの特別なティータイムであるアフタヌーンティーは、ヴィクトリアンティーと呼ばれるようになり、ヴィクトリア時代に上流階級社会の中で形式やマナー、基本的なルールが形成されました。

開催される場所はドローイングルームやレセプションルーム（応接間など、おもてなしをする部屋など）が好まれ、暖炉の前のローテーブルが使用されました。ダイニングルームは食事をする場所とされ、あまり使用されませんでした。また気候の良い時季には、ガーデンでも開かれます。

着席したらすぐにナプキンを膝の上に広げます。通常ナプキンはお皿の中央に置かれますが、お皿の左側にセットされることもありますので、特に大人数の時などには、間違えてお隣のナプキンを取らないようにしましょう。

コースになっている伝統的なアフタヌーンティーでは、サンドイッチ、スコーン、ケーキの順に運ばれます。現代風のアフタヌーンティーでは、テーブルの上にティアースタンドに盛られたティーフーズが置かれますが、やはり基本的にはサンドイッチ、スコーン、ケーキの順にいただきます。

ただし、熱いものは熱いうちに、冷たいものは冷たいうちにいただいたほうが美味しいので、フォーマルな場でなかったり、親しい間柄の方ばかりならば順番を変えても構いません。しかし、逆戻りはマナー違反です。

アフタヌーンティーのティーフーズは、フォークやナイフをあまり使わずにいただけるものが用意されます。必ずお皿に取ってから手でつまんでいただきましょう。ローテーブルの場合は、お膝の上でいただきます。

スコーンは「神聖な石」が語源とされ、基本的にはナイフを入れず、裂け目から手で上下に割ります。使う分だけのクロテッドクリームとジャムをお皿の上部に取り、ジャム、クリームの順に、ひと口分ずつ塗るのがフォーマルスタイルです。

ヴィクトリアサンドイッチケーキのような三角ケーキは、ナイフとフォークで向こう側に倒し、左側からいただきます。

ウェーターさんにお願いしたいことがある時は、アイコンタクトで知らせます。間

カトラリーの位置

違っても大声で呼んだり、手を振るなどして合図するのは避けましょう。

英国式マナーでは、お食事が済んだらカトラリーはお皿の上に、ナイフの刃が内側に向くように揃えて置きます。階級や地方などによりカトラリーを4時の位置に置く、6時の位置に置く、クロスして置くなど異なりますが、私たち日本人の場合は4時の位置に置くと良いでしょう。お食事が終わったら、ナプキンは使ったことが分かる程度に軽く畳んで置きます。

現在ではカジュアルなアフタヌーンティーも増え、気軽に楽しむことができます。

会話のエチケット

テーブルマナーが完璧でも、会話のエチケットが身に付いていなければ台無しです。エチケットとは、人と接する時の言動や態度、心配りの意味で使われることが多くあります。

イギリスの人々はとっても褒め上手です。街を歩いていると、見知らぬご婦人から突然〝I love your dress!!《素敵なお洋服ね！》〟と声をかけられたり、ドレスアップをしている日には〝You looks so smart!!《お洒落ね！》〟などと褒めていただくのは珍しくなく、時には1日に何度もお声かけいただくこともあります。

　これはどなたにでも起こるイギリスでの日常風景で、もちろん私にだけ起こることではありません。そしてお褒めの言葉をいただいた時には、「いえいえ」などと謙遜するのではなく、「ありがとう。あなたも素敵ね」と素直に受け取り、相手を褒め返すのがイギリス流です。お世辞を言うのではなく、「素敵」と思ったものを言葉に出して褒めて差し上げて嫌な思いをする方はいらっしゃいませんし、お互い気持ちの良いものです。

　例えば、ゲストとしてお茶にお招きいただいた場合、その場が楽しくなるような話題があると良いのですが、そうでない場合は、ご用意いただいた茶器やお花などをお褒めすると良いでしょう。よく日本の方が茶器を裏返してブランドを確かめている光景をお見かけしますが、気になったら「素敵なティーカップですね。どちらのですか？」などと質問してみるのもお勧めです。きっと喜んでお話しくださいます。

　ただし、相手の容姿そのものを褒めたり、お値段に関する質問、住まいや家族構成、年齢など、プライベートな質問はＮＧです。特に初対面の方とご一緒になる時には注意が必要です。

　話題だけでなく、声のトーンや音量など、相手が聞き取りやすいように話すことも思いやりです。先ほどお食事中の雑音はNGとしましたが、噂話や陰口も雑音です。せっかくの紅茶がまずくなるような話題や振る舞いは避けましょう。

また、相手がテーブルマナーを間違っていたとしても、それを指摘することもマナー違反です。

マナーやエチケットというと堅苦しく感じがちですが、根幹となるのは相手に不快感を与えずに楽しい時間を過ごすための、思いやりの心です。

ドレスコード

ドレスコードとは、状況に配慮した身だしなみを指します。参加者の服装に統一感を持たせることで、その場の雰囲気を尊重するというマナーです。行事によりドレスコードは異なり、また同じ場所であっても、開催時間が昼か夜かで異なります。

例えば、ロイヤルアスコットのロイヤルエンクロージャー（CHAPTER1の62ページ参照）のドレスコードは最も格式の高いフォーマルです。そのため、男性は黒かグレー、紺のモーニングコートに、ウエストコートとネクタイ、そして黒またはグレーのトップハットの着用が求められます。

フォーマルなドレスコード

一般的には素足で靴を履くのがトレンドですが、ロイヤルアスコットでは黒い靴に靴下（現時点では色の規定は明記されていません）が必須です。

トップハットは、会員制のプライベートクラブやプライベートボックス、ホスピタリティレストランなどの室内や施設のテラス、バルコニー、ガーデン内では脱ぐことができます。

女性もフォーマルなデイウエアの着用が求められ、ドレス（イギリスではワンピースのことをドレスと言います）の長さやストラップの幅、色や素材、ヘッドドレス（女性の帽子）の大きさなど、様々な規定があり、時折改定されます。

女性のヘッドドレスは、日中に外すことはありません。

また男性のトップハットのカスタマイズはロイヤルエンクロージャーでは許可されていませんが、女性はファッションに合わせてアレンジやコーディネートをしたり、オーダーメードをしてお洒落を楽しんでいます。

また、ロイヤルエンクロージャー以外のエリアにも、厳格ではありませんがそれぞれドレスコードがあります。

一方で、日常のティータイムではどうでしょうか。

時折、ロンドンでアフタヌーンティーの懇親会をさせていただくのですが、「こちらのホテルには何を着て行ったら良いですか？」とご質問をいただくことがよくあります。

ヴィクトリア時代の貴婦人たちはティーガウンという身体を締め付けないゆったりとしたフルレングスのドレスをまとい、帽子や手袋も着用していました。

しかし現在は、そこまで厳しいマナーはありません。

ホテルではホテルごとに定められているドレスコードに従いますが、格式の高いホテルも含め、ほとんどがスマートカジュアルです。スマートカジュアルとは、フォーマルほど堅苦しくないものの、洗練された雰囲気がありきちんとした印象の装いを言います。

女性の場合は、肌の露出が控えめなドレスや丈が長めのスカート、セットアップやロングパンツスタイルなどがお勧めです。

男性の場合は、襟付きのシャツに落ち着いた色のテーラードジャケット、パンツスタイルであれば安心です。ホテルによってはネクタイとジャケットが必須であったり、スニーカーが禁止の場合もありますので、事前に確認が必要です。

また、紅茶は繊細な香りを楽しむものですから、香りの強い香水やヘア用品、茶器にべったりと付着するような口紅も避けましょう。

その場面に相応しい装いをすることで、ご一緒する方が不快に感じたり恥ずかしくないようにすることが大切です。

ティールーム予約のマナー

ティールームの予約はただテーブルやお席を確保するだけでなく、予約をする際のマナー次第ではより良いサービスが受けられるかどうか変わってくることもあります。お店側への配慮はもちろん、より心地良く過ごせるためにもわきまえておくのは大切です。

予約の際に、大切なお客様を接待させていただくことを伝えておきましょう。

特にホストが女性の場合は、お店の方が何も知らずに男性のゲストにお会計伝票を渡してしまうのを避けるために、あらかじめ伝えておく必要があります。

また、「以前伺った時にサービスが素晴らしかったので」など、そのお店を選んだ経緯をひと言添えるのもお勧めです。お店に特別な好感を持ち、大切な接待の場に選んでくれた特別なお客様として応対をしてくださるでしょう。

スマートカジュアル

食事制限や苦手な食品がある場合は、予約の段階で伝えておきます。ティーフーズの食材以外に、アフタヌーンティーにはシャンパンが付くことがありますし、紅茶にはカフェインが含まれます。

以前、何度か妊婦さんのゲストをご案内した際、ノンアルコールカクテルなどをご用意くださったり、カフェインフリーの飲み物のセレクションをあらかじめ確保してくださるなど、ホテルスタッフからお心遣いいただき、ゲストの方にもお喜びいただけたことがありました。

最近はインターネットで予約をすることも多いかと思いますが、電話で予約をする場合はお店が忙しい時間帯はご迷惑ですし、十分にお話する時間が取れない可能性もあります。なるべくそのお店が忙しくなさそうな時間を考えて電話をするのがお店への気遣いです。

ドレスコードに不安がある場合も、予約時に確認しておくのが良いでしょう。ご一緒に行かれる方にお伝えしておくのもマナーです。

マントルピース

11世紀まで、部屋の床の中央に穴を掘った、日本の囲炉裏のようなものが調理や暖房目的に使われていました。1100年代からは壁面に近付けたほうが実用的とされ、現在に近いスタイルの暖炉が誕生しました。調理はキッチンでされるようになり、暖炉は暖房目的とされ、暖炉の周りを飾る習慣もできました。

暖炉のことを「ファイヤープレイス」、暖炉の周りを囲む装飾枠のことを「マントルピース」と言います。

マントルピースの素材には大理石、煉瓦、タイルなどが使われます。マントルピースの上部はマントルシェルフと言い、マントルクロック（マントルシェルフ用の時計）や美術品、家族写真などを飾り、そしてクリスマス前にはいただいたクリスマスカードが並べられます。

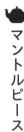

またマントルシェルフの上の壁には、絵画や鏡などが飾られます。

マントルピースは様式や年代によってデザイン、素材と共に変化し、装飾もだんだんと豪華になりました。貴族のマナーハウスでは、天井まで続く豪華絢爛な装飾が施されています。

イギリスには築１００年以上の住宅が多く、現在も一般家庭に暖炉や煙突が付いていますが、ボイラーなどの熱源装置から各部屋にあるラディエーターに温水を送り、家全体を暖かくするセントラルヒーティングが普及し、暖炉で薪を燃やす家庭は少なくなりました。

最近ではインテリアとして楽しまれ、現在でも暖炉はイギリスの家庭のリビングの中心的存在です。近年建てられた住宅にもインテリアとして装飾用のマントルピースが付けられることはありますが、通常煙突は付いていません。そのため、実際に燃やすことはできませんが、部屋の中心的存在という感覚は残されています。

ドローイングルームには、マントルピースの前にローテーブルとソファがセットされています。家族団らんの場として使用され、またお客様をお招きする際にも暖炉に近いお席にご案内します。英国式ティーパーティーではマントルピースを中心として、ゲスト全体を見渡しやすい席にホストが座り、おもてなしをします。

ファイヤープレイス&マントルピース

クロージングのエチケット

楽しいティーパーティーをお開きにするのは名残惜しいものではありますが、タイミングを見計らって上手にクロージングするのもホストとしてのエチケットです。

またゲストとしても、ついお話に夢中になり長居をしてしまいたくなりますが、ホストに気を遣わせてしまう前にお互いに気持ち良くクロージングしたいものです。夕食前の時間帯に開催されるティーパーティーでは、夕食の約束など、それぞれにその後の予定があります。あらかじめお開きのお時間が決まっている場合はその時間を、決まっていない場合は開始から2時間から3時間ほどを目安にすると良いでしょう。

英国式のおもてなしは、基本的にはホストにおまかせのスタイルです。後片付けのお手伝いも必要ありません。繊細な陶磁器の取り扱いには注意が必要ですし、重ねてはいけないものもありますので、テーブルの上はそのままの状態で失礼するのが一般的で、「ご招待されたら招き返す」ことでお返しをします。

ホストは、ゲストを順にお見送りします。ゲストはお礼の気持ちを簡潔にお伝えしておいとまするのがスマートです。長い挨拶やお礼は、後日御礼状に書いてお送りしましょう。

英国式の装い

ヴィクトリア時代初期までのウエディングドレスは、カラードレスに金や銀の糸で装飾したものが一般的で、白いドレスを着るのは珍しいことでした。１８４０年2月10日、ヴィクトリア女王がアルバート公とのご婚礼で純白のドレスをお召しになって以来、花嫁が結婚式で白いウエディングドレスを身に着けることが定着しました。

またアルバート公は男性たちの憧れの存在となり、アルバート公のように口髭を生やすことが上流階級の男性を中心に流行しました。

現在も、キャサリン皇太子妃やロイヤルキッズたちが着用したものはすぐに完売してしまうなど、イギリスのファッションの歴史は古くから王室メンバーから影響を受けています。

装いは自己満足だけでなく、相手への配慮でもあります。その風景に溶け込むような装いをすると周りの方も心地良く過ごせますし、ティールームの方にも喜ばれます。

一般的なティータイムのドレスコードについては182ページでご紹介しました。ティータイムと言っても様々なシーンがあり、装いは切っても切り離せないものの1つですので、ビジネスパーソンとして知っておきたい装いの根本に触れてみましょう。

国際的ビジネスシーンでの「英国式」

国際的なビジネスシーンにおけるマナーは、様々な国や地域ごとの文化・習慣・背景を持つ人々が交わった時に、良好な人間関係を保ちビジネスを円滑に進めるための配慮です。多種多様な習慣や文化に基づいたそれぞれのマナーがある中で、国際的に基準とされるのが「英国式マナー」です。

CHAPTER1でご紹介したジェントリーが貴族のマナーをお手本にし、そしてビジネスパーソンがジェントリーをお手本にして現代の英国式マナーへと繋がりました。ビジネスパーソンにもジェントリーが身に付けたようなマナーが求められていたことが窺い知れます。

また、「ジェントリーのようにマナーや教養が備わった男性」が、「ジェントルマン」の語源となっています。

ロンドンの法廷関係者たちが集まるリーガルディストリクト（ストランド地区）や金融街のシティ・オブ・ロンドン（バンク地区）などを歩いていても、きちんとした中にも色で個性を表現するビジネスパーソンの姿が目立ちます。これは老若男女問わず言えることで、どのような場所に行くのか、どなたとお会いするのかなどで色を上手に使い分けています。

例えば、ビジネスパーソンではありませんが、キャサリン皇太子妃をイメージしてみてください。華やかで洗練されたファッションはイギリス国民に限らず世界の多くの人を魅了していますが、病院に慰問に行くご公務では患者さんたちのお気持ちが和らぐような明るい色、軍隊関連の行事ではシックな色、エリザベス女王とお二人の時は目立ちすぎない控えめな色、イギリス国外でのご公務の際はその国をイメージする色柄、フォーマルなシーンでは白を選ぶなど、色で相手への敬意を表現していらっしゃいます。

それは、パンデミックの最中、エリザベス女王から国民に向けたビデオメッセージの中で、国民の気持ちが落ち着くようにと女王陛下が優しいグリーンのスーツをお召しだったことや、１９７５年に日本を訪問された際には日本の国旗をイメージした赤と白の配色のスーツをお召しだったことなどからも伝わるように、エリザベス女王より引き継がれた相手へのおもてなしの御心なのかもしれません。

また、男性がモーニングを着る際のウエストコートやネクタイは、日本ではシックな色が主流ですが、イギリスではパステルカラーやロイヤルアスコットではテーマに合わせて馬柄などルールを守った上で遊び心を加えられたものが好まれます。

一般的に欧米は日本に比べるとカジュアルに思われがちですが、実際のところエグゼクティブクラスになればなるほど、フォーマルなビジネスマナーが求められます。日本の多くの方がイメージする欧米のフランクさは、エグゼクティブでは通用しないというのが実情です。飲食、話し方、立ち居振る舞いに加え、装いもビジネスシーンにおける重要な要素で、特に男性のドレスコードは厳格です。

スーツとドレスコードの誕生

1600年代のイギリスの社交界における装いは、華やかで個性溢れるものでした。1666年に国王チャールズ2世が発した衣服改革宣言により、紳士服はウエストコート、上着、ズボンをセットで着用するという構成が誕生しました。これによりスーツの原型が誕生しましたが、現在私たちが知るスーツとは違った印象のものでした。

スーツの歴史を遡ると、ジョージ・ブライアン・ブランメルに辿り着きます。ブランメルは〝Beau Brummell《お洒落なブランメル》〟という愛称を持つ19世紀のイギリスのファッションリーダーで、後の国王ジョージ4世と親交がありました。当時の紳士服はフランス宮廷の影響を受け、ベルベットなどにたっぷりと刺繍を施した生地、ニーブリーチ（半ズボン）、ストッキング（長靴下）などが中心でしたが、ブランメルは装飾の少ないコートと長ズボン、クラヴァット（首に巻く装飾）スタイルを作りました。

ヴィクトリア時代に入るまでに現代のオーバーコートに似たフロックコートが登場し、ヴィクトリア時代後期にはフロックコートから燕尾のあるモーニングコートと燕尾のないラウンジスーツが派生しました。

モーニングコートは日中の正装とされ、現在イギリスではロイヤルアスコットのような社交の場やフォーマルな結婚式ではゲストも着用します。

一方ラウンジスーツは、男性が食後にラウンジルームで寛ぐために作られました。当時、夜の社交の場ではテイルコート（燕尾服）が着用されていましたが、丈の長いテイルコートは夕食後に寛ぐのには不向きでした。そこで皇太子エドワード7世（ヴィクトリア女王とアルバート公の長男、後の国王）は、シルクやベルベット素材で、テイルコートの燕尾の部分をカットしたジャケットを作らせました。これはラウンジで喫煙する際に煙や灰から衣服を守るために着用されたことからスモーキングジャケットと呼ばれ、後にディナージャケットのモデルとなります。スモーキングジャケットは上流階級の紳士たちに広まり、次第により寛ぎやすいラウンジジャケットが形成されました。

スーツという用語はフランス語のSuivre《従う》に由来し、「上下の生地が同じ生地に従うこと」を意味します。それまで別々の生地から作られていたウエストコート、上着、ズボンは、ラウンジジャケットと同じ生地を合わせて作られたラウンジスーツへと変わり、略して「スーツ」と呼ばれるようになりました。現在では多くの方がスーツをフォーマルな服装と捉えていますが、元々は寛ぐためのカジュアルな服装でした。

この頃は産業革命が進み、中産階級の人々が政治やビジネスの世界で活躍するようになると、明確なドレスコードが作られました。身分や習慣、文化の異なる人々同士がビジネスの場で対等に付き合うためにはドレスコードを守ることが重要視されていました。スーツの歴史には諸説ありますが、イギリスの上流階級の装いが時代を経て形を変え、伝統を重んじながら現在のスタイルを成立させたと言えます。

ロイヤルワラント（王室御用達）

ロイヤルワラントとは、王室と取引する企業や個人を任命し、ロイヤルアームズ（王家の紋章）を施設や製品、パッケージなどに表示する許可と責任を与える文書のことを言います。

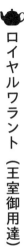

ロイヤルワラントの歴史は古く、１１５５年にヘンリー２世が織工会社「The Weaver's《ウィヴァーズ》 Company《カンパニー》」にロイヤルチャーターという勅許状を授与したことが始まりです。１８４０年に設立された王室御用達協会（Royal《ロイヤル》 Warrant《ワラント》 Holders《ホルダーズ》 Association《アソシエーション》：ＲＷＨＡ）は、ロイヤルワラント保持者に対してロイヤルアームズの使用法を助言したり、新規申請者の受付や既存保持者の見直しをするなどしています。協会は現在もロイヤルワラント保持者に関する最も初期の記録を保管しており、ボタンメーカー「Firmin《ファーミン》 & Sons《ソンズ》」は１６０６年より２０２２年現在に至るまで御用達を保持している最古の業者とされています。

ロイヤルワラントは王室の誰もが認定できるわけではなく、現在のイギリスのロイヤルワラントの認定者はチャールズ国王で、将来的にはウィリアム皇太子も加わるとされています。生前はエリザベス女王と王配のフィリップ殿下も認定者でした。

申請資格は、過去7年間で5年以上認定者に商品やサービスを継続的に提供し、持続可能な行動計画・環境が整っていることを証明できる企業や個人にあります。申請者はRWHAによる会計監査の後、バッキンガム宮殿でのバイヤーや担当委員会による審査を通過したら、最終的に認定者が誰に授与するかを決定します。ロイヤルワラント保持者の中にはエリザベス女王、フィリップ殿下、チャールズ国王の3名より認定を賜っていたブランドもあります。一度認定された後は通常最長5年間付与され、期限が切れる前年に再審査され、最長5年間の更新が検討されます。

毎年20件から30件の新規申請があり、被認定業者はほぼ毎月変動しています。認定が取り消された場合、企業や個人は通常最長12か月間以内にロイヤルアームズを撤去しなければなりません。また認定者が逝去した場合、ロイヤルワラントは無効になり、被認定業者は通常2年以内にロイヤルアームズの使用を中止しなければなりません。

英国王室御用達というと、高価で敷居が高いイメージを持たれるかもしれませんが、必ずしもそうではありません。中にはスーパーマーケットで数百円で購入できるお菓子やジャムなどの食糧品もあります。

例えば、CHAPTER2でご紹介した日本でお馴染みの紅茶「トワイニング」も英国王室御用達ブランドです（94ページ参照）。日本では庶民的ブランドのイメージを持たれがちですが、300年以上の歴史を持つ老舗で、1837年にヴィクトリア女王より紅茶として初めてロイヤルワラントを賜った格式高いブランドです。ロンドンのストランド通りに出店した世界初の紅茶店は、現在も営業を続けています。

セヴィルロウ

セヴィルロウは、ロンドンのメイフェア地区にある老舗紳士服店が並ぶ通りで、「紳士服の聖地」とされています。諸説ありますが、日本語の「背広」の語源になったとも言われています。

この地区は1700年頃、第3代バーリントン伯爵のリチャード・ボイルが所有するバーリントンエステートと呼ばれる私有地でした。敷地内の邸宅バーリントンハウスには多くの画家、音楽家、建築家、作家、詩人などが訪れましたが、1865年に政府が邸宅を購入し、現在はロイヤルアカデミーの美術展の会場として一般の人々にも親しまれています。

1731年から1735年にかけてバーリントンエステート周辺は道路整備されま

セヴィルロウの店舗入口

した。当初はリチャード・ボイルの妻ドロシー・セヴィルの名前からセヴィルストリートと名付けられ、後に「セヴィルロウ」と呼ばれるようになりました。1846年に、ヘンリー・プールがセヴィルロウに紳士服テーラーを開業しました。ヘンリー・プールを有名にしたのは、スモーキングジャケットをこの店で作って広めたエドワード7世でした。ヘンリー・プールは事業を成功させ、続々とテーラーが軒を連ねるようになりました。

店舗入口に掲げられた〝No.1 Savile Row London〟（「ロンドンのサヴィル通り1番地」を意味します）という看板がひときわ目を惹くGieves《ギーヴス》 & Hawkes《ホークス》は、イギリス海軍テーラーのジェイムズ・ワトソン・

ギーヴスの会社と、イギリス陸軍テーラーのトーマス・ホークスの会社が１９７５年に合併して誕生しました。これによりギーヴス&ホークスはイギリスの陸・海・空軍の制服のテーラーを請け負うことになりました。軍服は国家を守る象徴であり、軍服を着用することは名誉なこととされます。軍での肩書を持つ英国王室メンバーも儀式の際には軍服を着用します。１７７１年にホークスは総業以来２５０周年を迎え、現在も店舗には軍服が展示されています。

もう一軒触れておきたいテーラー「H.HUNTSMAN & SONS《ハンツマン》」は、１８４９年にヘンリー・ハンツマンが創業し、乗馬や狩猟用の衣服を作り貴族の間で人気になりました。ハンツマンと言えば、映画『キングスマン』の舞台としても有名で、監督マシュー・ヴォーン氏が長年にわたりハンツマンの顧客でオーナーと親交が深かったことから舞台に選出されました。セヴィルロウにある高級テーラー「キングスマン」というのは世を忍ぶ仮の姿で、実は機密組織「キングスマン」という設定なのですが、組織の部屋へ繋がる隠しドアがあるテーラーのフィッティングルームは、実際のハンツマンのものが使用されました。

また、映画で登場した高級テーラー「キングスマン」の看板は現在でもハンツマン

テーラー「ハンツマン」に残される映画『キングスマン』に登場した看板

の入口に残されています。映画の中のイギリスならではの装いにも目を惹かれますが、〝Manners maketh man《マナーが紳士を作る》〟〝A suit is the modern gentleman's armour《スーツは現代の紳士の鎧》〟などの台詞からも、ビジネスパーソンにとってのマナーやスーツの重要性も感じ取れます。

また、「すべての紳士がまず必要なのは良質なスーツだ。それはビスポークスーツという意味で、既製品ではない」という台詞もあります。それではビスポークについても、この後触れていきましょう。

メイドトゥメジャーとビスポーク

テーラリングには一般的に、「レディトゥウェア」（Ready to wear）、「メイドトゥメジャー」（Made to measure）、「ビスポーク」（Bespoke）の3種類があります。

・レディトゥウェア

いわゆる既製品の衣服です。同じデザインのものをサイズを変えて大量生産して販売され、頭文字をとってＲＴＷと略されることもあります。

・メイドトゥメジャー

ベースとなる型紙を基に、顧客ごとに調整して仕立てるスタイルです。スーツのスタイルを選び、採寸をし、生地を選びます。ラペル（下襟）、カフス（袖口）、ポケット、裏地などのスタイルを好みに合わせてカスタマイズします。仮縫いができたら試着し、必要に応じて追加調整を行い、通常２か月から３か月後に完成したスーツを受け取ることができます。

既製服よりフィット感に優れ、スーツの細部をカスタマイズしたい方に最適です。頭文字をとってＭＴＭと略されることもあります。

・ビスポーク

型紙、寸法、生地を顧客の要望に合わせて仕立てる完全オーダーメードのスタイルです。Be spoken から生まれた造語で、顧客とテーラーが話《はな》し合《あ》い、顧客の要望に合わせて仕立てます。採寸と仮縫いの回数はテーラーにより異なり3回から5回、またはそれ以上、可能な限り正確なフィッティングが定まるまで繰り返されます。生地を選んで細部をカスタマイズし、仮縫いができたら試着し調整をします。初回は完成まで半年ほど想定しますが、一度ご自身のパターンができれば2回目以降はそのパターンを使用できるので、仕立て期間は短くなります。熟練した職人が仕立てたスーツに身を包んだ方は皆さま口を揃えて「もう既製服は着られない」と仰います。

ジャーミンストリート

ロンドンのセントジェームス地区にあるジャーミンストリートは、セヴィルロウと同様に老舗の英国ブランド店が並ぶ通りとして有名です。1664年頃の地区開発の際、初代セントオールバンズ伯ヘンリージャーミンによってこの通りが作られ、ジャーミンストリートと名付けられました。銀行家のロスチャイルドやマールバラ公、アイザック・ニュートンを始めとする著名人が住んでいた通りとしても有名です。建物の外壁にはブルー・プラークという、かつて著名人が居住していた歴史などを示す、青く丸い案内板が残されています。以前、ブルー・プラークはロンドンのみに設置されていましたが現在はイギリス全土に設置され、夏目漱石やシャーロックホームズなど、日本人に馴染み深い著名人のものもあります。

周囲に会員制のジェントルメンズクラブが多い立地柄、紳士服や靴メーカー、帽子、葉巻、ステッキ、グルーミング用品など、幅広い紳士用品が揃っています。

特に、英国王室御用達の老舗シャツメーカー「Turnbull《ターンブル》&Asser《アッサー》」など、英国ビスポークシャツメーカーが軒を連ねるシャツの聖地です。ターンブル&アッサーは、1885年に二人のシャツ職人レジナルド・ターンブルとアーネスト・アッサーが創業した老舗ブランドで、世界各国の著名人が顧客リストに名を連ねています。長く着られることを前提に作られたシャツは職人たちがハンドメードで仕上げ、着れば着るほど身体に馴染み、「革靴のようなシャツ」と称されます。独自のカット技法や、ジャケットを着用した時の襟元の引き締まった形状も魅力です。洗濯後に生地が縮むことを考慮してサンプルシャツができあがったら、3回ほど着用して洗濯し、その後、完璧にフィットするように調整されます。

映画『007』で歴代6人のジェームズ・ボンドが愛用したシャツとしても知られています。

ビスポークテーラーが並ぶセヴィルロウに比べ、ジャーミンストリートは既製服メーカーもあり、あらゆる価格帯の店があるのが特徴です。

アーケード

アーケードとは、アーチ状の天井で覆われた歩道や商店街のことを言います。ロンドンのアーケードは、19世紀初頭から何世代も高級ショップが並ぶ商店街とされてきました。ピカデリーからジャーミンストリートへ向かうピカデリーアーケードには、「Budd《バッド》」や「New《ニュー》 & Lingwood《リングウッド》」などの老舗メーカーが立ち並び、個性的なカフリンクスやウェストコートなどのファッション小物が揃います。

2002年、ジャーミンストリートとピカデリーアーケードが交わる歩道にボー・ブランメルの像が立てられ、除幕式にはケントのマイケル・オブ・ケント王子妃が立ち会われました。

また、ピカデリーを挟んだピカデリーアーケードの反対側にはバーリントンアーケードがあり、こちらにはビードルと呼ばれる世界で最古の私立警察が、現在もアーケードを警護していることで有名です。

ボー・ブランメルの像（右上）とピカデリーアーケード（左上）、バーリントンアーケード（左下）、映画『007』仕様のバーリントンアーケード（右下2つ）

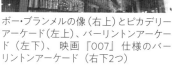

アーケード内には映画『００７』のボンドパートナーであるクロケット＆ドジョーンズ、グローブ・トロッター、N．ピール、ボリンジャーがあり、２０２０年には映画にまつわるアイテムが展示され、オメガの「ボンドウォッチ」にインスパイアされた配色のカーペットが敷かれ、限定のボリンジャー「００７」シャンパンバーが設置されました。

現在では、大規模なショッピングストリートに多くの人が集まりますが、アーケードには独特の趣きがあります。

振る舞いのマナー

レディーファースト

イギリスをはじめ欧米社会では、レディーファーストに徹することも重要とされます。

例えば男性が女性の椅子を引いたり、レストランなどで歩くのも女性が先です。女性のためにドアを開けるのは知らない人同士でも日常的に行われ、大人に限らず小学生くらいの少年でも既に大人顔負けにレディーファーストが身に付いています。

日本の方にレディーファーストについてのレクチャーをすると、「尻に敷かれているみたいで恥ずかしいです」と仰る方がいらっしゃいます。

しかし「尻に敷かれる」受け身と「女性をエスコートする」レディーファーストと

は全くの別ものです。レディーファーストは気高い騎士道の伝統に基づいており、レディーファーストのできない男性は特にイギリスでは紳士として認められません。

また女性も、エスコートされることに慣れておくことも嗜みの1つと考えられています。

ビジネスシーン

レディーファーストを重んじる欧米社会においても、ビジネスシーンでは用いません。欧米社会における女性のエグゼクティブクラスは社会的にはまだ少ないと言われていますが、4割程度とされています。イギリスでは三人の女性が首相になるなど、ビジネス社会に限らず政界でも女性が活躍しています。ジェンダーを意識することで反感を買うこともありますので、それを避けるためにもニュートラルにするのが通常です。

しかし、握手のタイミングは女性から手を差し伸べます。男性は女性が手を差し出すタイミングを見計らいますので、女性が握手の仕方が分からないと握手ができず立ったまま、ということになってしまいますので気をつけましょう。

COLUMN★8　マナーハウス

「マナーハウス」とは、中世に建てられた荘園領主の邸宅を言います。

地震がないイギリスでは、歴史ある建造物が美しい状態で残されています。マナーハウスもイギリス中に点在し、現在は宿泊施設として改装されているものもあります。領主ならではの広大なガーデンは隅々まで手入れされ、重厚な外観の邸宅には多数の瀟洒な部屋や調度品が備えられ、イギリスならではの極上の時間を過ごすことができます。通常はカントリーサイドにありますが、ロンドン中心部から車で１時間から２時間で行けるマナーハウスもいくつかあり、宿泊客でなくてもアフタヌーンティーを楽しむことができます。

マナーハウスでのドレスコードは基本的にはスマートカジュアルです。贅沢な空間に合わせて、いつもより少しお洒落をしてみると一層雰囲気が楽しめてお勧めです。

ロンドン郊外のマナーハウス（クリブデン）

CHAPTER★5

ビジネスシーンでも役立つ紅茶の淹れ方とアレンジ

紅茶を淹れるための道具

美味しい紅茶を淹れるためには、正しい道具を使う必要があります。しかし、必ずしも高価なものである必要はありません。一度に色々と揃えるのは大変なので、まずはティーポットやティースプーン、ティーストレーナーなどから探してみると良いでしょう。

・ティーポット

抽出用のポットの素材は陶磁器やガラスなどで保温性が高く、茶葉が十分に広がるスペースのある丸みを帯びた形状のものが、旨味を引き出すのに適しています。

また抽出用のポットとは別に、抽出後の茶液を移し替えるポットを用意します。こちらはお客様の前にお出しするものですから､デザイン性の高いものが良いでしょう。ハンドルの持ちやすさ、蓋の安定感、注ぎ口のスムーズさも選ぶ時のポイントです。

・ティースプーン
茶葉を計量するために使います。
・ティーコージー
ティーポットにかぶせて紅茶を保温し、温度を保ちます。ティーポット全体を覆えるサイズで、厚手のものを選びましょう。
・時間を計るタイマー
抽出時間を計るために使います。
・ティーストレーナー
蒸らし終わった紅茶をカップなどに注ぐ時に茶殻を取り除きます。ドリップボウル（受け皿）付きのものが使いやすくてお勧めです。

・ティーカップ＆ソーサー

カップには紅茶用とコーヒー用がありますが、口が広いものが紅茶用です。お客様をおもてなしする場合は、デザインをすべてお揃いにするとフォーマル度が上がります。

もちろん、個人で楽しむ場合はデザイン違いでも十分ですし、日常のティータイムではマグカップでも構いません。シーンに応じて選ぶと良いでしょう。

英国式紅茶の淹れ方

ベストな紅茶の淹れ方については、イギリスでは昔から論争があります。１８４８年に発行された家庭誌〝The《ザ》 Family《ファミリー》 Economist《エコノミスト》〟に掲載された10か条が、紅茶の淹れ方についての最初の記載とされています。

また、紅茶愛好家として知られる20世紀のイギリスの作家ジョージ・オーウェルは、著書〝A《ア》 Nice《ナイス》 Cup《カップ》 of《オブ》 Tea《ティー》〟の中で紅茶の淹れ方について11か条を掲載しています。

ヴィクトリア時代の主婦イザベラ・メアリー・ビートンは、１８６１年に家政書〝The《ザ》 Book《ブック》 of《オブ》 Household《ハウスホールド》 Management《マネジメント》〟を出版しました。この本は料理レシピ、家事や育児、おもてなしやマナー、使用人との接し方など多岐にわたって紹介した当時では新しいスタイルの本で、その頃急増した中産階級の主婦たちが欲しかった知識がたっぷりと詰まった内容が反響を呼びました。残念ながら彼女は若干28歳にして病に倒れてしまいましたが、その後度々改訂版が出版され、イギリスでは現在も愛読されています。彼女はこの中で、紅茶を淹れる方法についても言及しています。

CHAPTER1でお話ししたとおり、イギリスでの紅茶の消費量の約96パーセントがティーバッグです。それでもルーズティー（缶などに入ったいわゆるリーフティーのこと）派の人もいますし、ティーバッグ派の人も時々はルーズティーを使い、ポットで丁寧に淹れることもあります。

近年、何世紀にもわたるベストな紅茶の淹れ方についての議論に幕を閉じようと、王立化学協会やロンドン大学を構成するカレッジの1つユニバーシティ・カレッジ・ロンドンなどの科学者たちが、完璧な紅茶を淹れるための指標を発表してきました。それでもイギリスでは、今なお紅茶の話題が論争を巻き起こす要因と成り得ます。その中でも一般的に合意が得られている次のルールを軸に、ポイントをご紹介いたします。

・保存状態の良い茶葉を使用する

紅茶は繊細な香りや風味を楽しむものです。紅茶本来の美味しさを楽しむには、鮮度の良い茶葉を使用することが重要です。一度開封した紅茶は、空気に触れるたびに酸化が進み、香味が劣化します。紅茶の賞味期限は通常、製造時点より2年から3年です（ただし、未開封であることが前提です）。開封後は3か月以内がベストな状態ですので、短期間で飲み切れる分を少量ずつ購入し、期限内に美味しくいただきましょう。

開封後は購入した時の品質を維持することが重要ですので、しっかりと密閉でき、光を通さない缶やフォイルバッグなどに保存します。ガラスの容器や紙袋、中が密閉されない木箱、蓋の閉まりが悪い容器は適しません。

また、紅茶の茶葉は吸水性・吸湿性が高いため、湿気のある場所に置くと水分を吸い品質が落ちます。直射日光の当たらない場所で常温保管し、光や湿気、他の物の香りを避け、床から離れた涼しく乾燥した場所に保管します。

オーソドックスな茶葉とアールグレイなどのフレーバードティーは離し、ハーブやスパイスは近くに置かないこともポイントです。

・新鮮な水を使う

紅茶を淹れるのに最適な水は、蛇口から汲んだばかりの水道水です。蛇口から汲み立ての水には酸素がたくさん含まれていて、抽出中に紅茶本来の美味しさを引き出してくれます。水道水には不純物も含まれますので、フィルターを通して不純物を除去しておきましょう。

特にロンドンの水道水は硬水ですので、しっかりとろ過をしないで紅茶を淹れると水に含まれるカルシウムと紅茶に含まれるポリフェノールが反応して表面に薄い膜のようなものができてしまいます。

・ティーポットを湯通しして温める

紅茶の成分をしっかりと抽出させるためには、沸騰直前の熱湯を使用します。せっかく熱湯を注いでも、使用するティーポットが冷えていればティーポット内のお湯の温度は下がってしまいますので、抽出が完了するまでお湯の温度を保つために、ティーポットに熱湯を入れてしばらく置きます。

・茶葉とお湯の量を計る

使用する茶葉の分量が適量でないと、紅茶が薄すぎたり濃すぎたりします。茶葉の種類によって異なりますが、一般的にはお湯180ccから200ccにつき茶葉2・5gから3gを使用します。

・お湯の温度を確認し、素早く注ぎ蓋をしてしっかりと蒸らすお湯の温度が低すぎると紅茶の香味が弱くなり、逆に高温すぎると水中の酸素が飛んでカフェインとポリフェノールが多く出すぎるので紅茶が苦くなります。紅茶の豊かな風味を引き出すためには、お湯の温度が重要です。沸騰直前の熱湯を注ぎ、蓋をしっかりとして蒸らします。抽出中のお湯の温度を保つためにティーコージーを使うのもお勧めです。

・抽出時間を決める

蒸らし時間は茶葉のサイズや形状などにより調整します。蒸らしすぎもカフェインやポリフェノールが多く出すぎて紅茶が苦くなる原因となります。

抽出時間は、オレンジペコー（OP）サイズなど大きめの茶葉は4分から5分、ブロークンオレンジペコー（BOP）サイズなど小さめの茶葉は2分から3分が目安です。抽出が完了したら、ティーストレーナーを通して茶液を別のティーポットに移し替えます。

より丁寧に紅茶を淹れることで、どなたでも紅茶本来の美味しさを楽しむことができます。

イギリスの主なティーメーカー

イギリスには多くのティーメーカーがあり、デパートや食料品店などには目移りするほど様々なブランドの紅茶が並んでいます。こちらでは、イギリスの主なティーメーカーと代表的なブレンドをご紹介いたします。

The East India Company（東インド会社）

1600年にエリザベス1世の勅命によって設立され、長年にわたり独占的に貿易を行ってきました。自由貿易を求める時代背景から解散しましたが、サンジブ・メフタ氏に「東インド会社」の名称、紋章、商標の使用権が引き継がれ、2010年紅茶専門店として復活しました。

1954年にエリザベス2世とフィリップ殿下が初めてセイロンに国賓として公式

訪問された際に、ヌワラエリヤの地に茶樹の苗を植樹されました。「Royal《ロイヤル》 Frash《フラッシュ》」はこの農園で摘んだ茶葉から製茶され、女王陛下の戴冠60周年式典のお茶会で振る舞われました。

またこのフレーバードティーを西洋世界に紹介したとされる植物学者ジョージ・スタントンの名を冠した「The《ザ》 Staunton《スタントン》 Earl《アール》 Grey《グレイ》」は、スリランカ産の紅茶にネロリとベルガモットのオイルを組み合わせて香り付けされています。

TWININGS（トワイニング）

創業者トーマス・トワイニングがオープンしたコーヒーハウス「トムの店」（１７０６年）とイギリス初の紅茶専門店「ゴールデンライオン」（１７１７年）は、トワイニングの前身です。英国王室御用達であり世界最古の紅茶メーカーであることはＣＨＡＰＴＥＲ４で触れましたが、３００年以上前から営業を続ける店舗の奥にはその歴史を物語る展示が見られます。

アールグレイにレモンピールやオレンジピールなどを加えた「Lady《レディ》 Grey《グレイ》」や、エドワード８世のために作られた「Prince《プリンス》 of《オブ》 Wales《ウェールズ》」が定番ブレンドです。

Fortnum & Mason（フォートナム&メイソン）

１７０７年創業の王室御用達の老舗百貨店で、１７２０年頃に紅茶の販売を始めました。ティーカップやティーポットなどの茶器やストレーナーなどのティーアクセサリーも幅広く揃っています。

１９０２年にエドワード7世のためにブレンドされた「Royal《ロイヤル》 Blend《ブレンド》」は、滑らかで蜂蜜のような味わいです。また創業２００年の１９０７年には、創業時の国王「アン女王」の名を拝した「Queen《クイーン》 Anne《アン》 Blend《ブレンド》」がブレンドされました。

Wedgwood（ウェッジウッド）

日本でも根強い人気のイギリスの老舗陶磁器メーカーであるウェッジウッドは、近年紅茶業界にも進出しています。厳選された高品質の茶葉が使用され、飲みやすく正統派の味が定評です。

アッサム、セイロンの茶葉をブレンドした「English《イングリッシュ》 Breakfast《ブレックファスト》 Tea《ティー》」、バランスの良い正統派ブレンドの「Wedgwood《ウェッジウッド》 Original《オリジナル》 Tea《ティー》」などが人気です。

Harrods（ハロッズ）

1824年にチャールズ・ハロッドが起業し、1834年にロンドンのイーストエンドで紅茶を中心に扱う食品卸売業を開業しました。1849年には現在ハロッズの店舗があるロンドンのナイツブリッジに紅茶と食品雑貨の小売店を始め、世界的な高級デパートとなりました。

茶葉のブレンドやタイプを番号で管理し、商品名と共にパッケージに記しています。ハロッズ本店のティールームでも提供されるダージリン、アッサム、セイロン、ケニアをブレンドした「No.14 English《イングリッシュ》 Breakfast《ブレックファスト》」やコクのある「No.18 Georgian《ジョージアン》 Blend《ブレンド》」などが定番です。

Bewley's（ビューリーズ）

1835年、サミュエル・ビューリーと息子のチャールズ・ビューリーが、チャーターしたクリッパー船ヘラス号で中国の広東から２０９９箱の紅茶をダブリンに上陸させました。１８４０年に正式にビューリーズを設立し、現在ではアイルランドを代表する食品ブランドとなりました。１９２７年にサミュエル・ビューリーの孫アーネスト・ビューリーがダブリンに開店した「Bewley's《ビューリーズ》 Grafton《グラフトン》 Street《ストリート》 Café《カフェ》」も有名です。アイルランドの水質に合わせて作られたビューリーズの紅茶は、軟水の日本でもアイルランドと同じ香味が楽しめます。

「Irish《アイリッシュ》 Breakfast《ブレックファスト》 Tea《ティー》」は高地で栽培されたアッサムとダージリンのブレンドで、ミルクを加えると風味が引き立ちます。「Irish《アイリッシュ》 Afternoon《アフタヌーン》 Tea《ティー》」は、ケニアのリフトバレーの東にある茶園で生産される、爽やかな風味のブレンドです。

Ridgways（リッジウェイ）

東インド会社による紅茶独占貿易の解禁後、１８３６年にトーマス・リッジウェイが「公正な価格で最高の品質を」をモットーにロンドンに開店しました。当時は珍しかった紅茶のブレンドを始め、ブランド地位を確立させました。

１８８６年には、ヴィクトリア女王のためのブレンド茶「H.M.B.（Her《ハー》 Majesty's《マジェスティ》

Blend《ブレンド》）」を完成させ、王室御用達を賜りました。
また「S.B.J（Special《スペシャル》 Blend《ブレンド》 for《フォー》 Japan《ジャパン》）for Milk Tea」は、日本人の嗜好に合わせて作られたミルクティー専用のブレンドです。

Tetley（テトリー）

１８３７年に、ジョセフとエドワードのテトリー兄弟がヨークシャー（イングランド北部の州）で創業しました。１８５６年にロンドンに拠点を移し、現在はロンドン西部のグリーンフォードに本拠地があります。１９５３年にイギリスで最初にティーバッグ入りの紅茶を販売した会社としても有名で、大規模な消費者テストによりイギリス人の好みを把握し、丸い形状のティーバッグを開発しました。

「Original《オリジナル》」は、ケニア、マラウイ、タンザニアの紅茶を組み合わせたテトリーのベストセラーです。朝の目覚めを元気にスタートする1杯にも、また日常的なティーブレイクにも人気です。「Earl《アール》 Grey《グレイ》 Vanilla《バニラ》」は、リッチなアールグレイにクリーミーなバニラを加えた、一味違う魅力の紅茶です。

Williamson Tea（ウィリアムソンティー）

1869年に創業したイギリスの紅茶専門メーカーです。ケニアの赤道近くの高地ナンディとケリチョに自社農場を持ち、農場ごとに異なる特徴のお茶を生産しています。茶葉の栽培から選別、ブレンドに至るまでのすべてを一貫して行っています。ケニアの自然を思わせる象のイラストが描かれたパッケージも印象的です。

「Duchess Grey《ダッチェスグレイ》」は、カイモシ茶園のカカメガの森の付近で栽培された紅茶にシトラスオイルで着香したもので、フルーティーな香りと深みが楽しめます。

また「English Breakfast《イングリッシュブレックファスト》」は、カプチョルア茶園の標高の高い斜面で栽培されたクラシックで濃厚なブレンドティーです。1日の始まりにもぴったりですし、シーンを問わずストレートでもミルクティーでも美味しくいただけます。

PG Tips（ピージーティップス）

イギリスで最も愛飲されているデイリーユースの紅茶ブランドの1つです。

１８６９年にアーサー・ブルックが「Brooke《ブルック》 Bond《ボンド》 & Company《カンパニー》」を設立し、お茶の卸売りに着手しました。最初は「Pre-Gest-Tea《プレゲストティー》」と呼ばれていましたが、「Pre-Gest《プレゲスト》」はＰＧと略され、茶樹の先端の２枚の若葉と芽のみを使用する良質さを強調するためにTips《ティップス》を付け加えました。

ケニア産茶葉使用の「Original《オリジナル》」をはじめ、さらに濃い「Strong《ストロング》」、アフリカ、セイロン、アッサム茶葉をブレンドした「Gold《ゴールド》」などがあります。色も味もかなり濃く出ますが、牛乳をたっぷり加えると美味しいミルクティーになります。

Taylors Of Harrogate（テイラーズ・オブ・ハロゲイト）

１８８６年、チャールズ・テイラーがヨークシャー地方の鉱泉の町ハロゲイトで創業しました。同じ銘柄の商品も、地域ごとの水質に合わせて茶葉のブレンドを変えて製造しています。１９１９年に最初の「Bettys《ベティーズ》 Tea《ティー》 Room《ルーム》」がハロゲイトにオープンし、ヨークシャーなど現在６つの地域で店舗を構えています。

デイリーユース用の紅茶としてスーパーマーケットでもお馴染みの「Yorkshire《ヨークシャー》 Tea《ティー》」は、オリジナルブレンドの赤ライン、ロンドンのような超硬水の地域で楽しむのに向く緑ライン、また赤ラインより香味が強くリッチなゴールドラインもあります。

Whittard Of Chelsea（ウィタード・オブ・チェルシー）

１８８６年にウォルター・ウィタードがロンドンに創業した紅茶店です。イギリスが１９３９年にドイツに宣戦布告した翌年１９４０年に爆弾がウィタードの倉庫を直撃し、さらに同年12月の「ロンドンの第二次大火」で倉庫が粉々に吹き飛ばされました。新しい倉庫を求めて１９４１年にチェルシーに移転し、フルハムロード１１１番地に落ち着きました。２０００年代には経営難に陥りましたが、ロゴやパッケージデザインを改良して人気を取り戻し、現在イギリス国内に１００以上の店舗を構えます。

グレート・テイストアワードを受賞した「Piccadilly《ピカデリー》 Blend《ブレンド》」は、バラやストロベリー、ロータスの花のフレーバーと鮮やかなコーンフラワーの花びらがブレンドされ、ほのかに甘くフルーティーでアフタヌーンティーにぴったりです。ダイアナ元妃をイメージしてブレンドされたと言われている「English《イングリッシュ》 Rose《ローズ》」は、バラの花びらと蕾がちりばめられ、香りが華やかです。

Lipton（リプトン）

トーマス・リプトンがスコットランドのグラスゴーで営んでいた小さな食料品店で、１８８９年に紅茶業を始めました。「茶園から直接ティーポットへ」というスローガンの下、広大な茶園を買い取り、茶樹の栽培から生産まで一貫して行うことで品質の安定した紅茶を提供しました。１９０６年に初めて日本に輸入されました。「Quality《クオリティ》 Loose《ルーズ》 Tea《ティー》」は、最高品質のブレンドを作るために最も新鮮なハイグロウンティーの茶葉が摘まれブレンドされています。

Clipper（クリッパー）

１９８４年にイングランド南西部のドーセットでお茶好きの夫妻によって誕生しました。地元の健康食品店やカフェに販売された2箱のアッサムティーから始まり、現在はドーセット州のビーミンスター（イングランド南西部の町）にある工場でブレンドされた茶葉が50か国以上で販売されています。オーガニック商品として知られ、化学肥料など人工的なものを一切使用せず、生産からパッケージングまで地球環境にも人間にも優しいです。

「Organic《オーガニック》 English《イングリッシュ》 Breakfast《ブレックファスト》」は、アッサムと繊細なセイロンの爽やかな仕上がりです。また「Organic《オーガニック》 Fairtrade《フェアトレード》 Earl《アール》 Grey《グレイ》 Tea《ティー》」は、世界最高級のフェアトレードのオーガニック茶園で栽培された軽く爽やかな風味です。

AHMAD TEA（アーマッドティー）

１９８６年にラヒム・アフシャール氏と兄弟のカリムとエブラハムが、イギリスのサウサンプトンで小さなティーショップを開きました。父親にちなんで名付けられた会社は、世界中の誰もがどこでも楽しめるお茶を作るというビジョンを掲げた家族経営の会社です。現在は世界の80か国以上で販売されるブランドに発展しました。

「Imperial《インペリアル》 Blend《ブレンド》」は、ダージリンとアッサムを絶妙にブレンドし、独自のベルガモットフレーバーを少し加えた爽やかな仕上がりです。「English《イングリッシュ》 Tea《ティー》 No.1 Tea《ティー》」は、セイロンとケニア、アッサムの茶葉にベルガモットのほのかな香りが加えられた繊細なブレンドです。

TEA PALACE（ティーパレス）

2005年に設立された、人気上昇中のモダンなティーブランドです。ロンドンのコヴェントガーデンに本拠地を置き最高品質の紅茶を提供しながら、紅茶への情熱を世界中の紅茶愛好家と共有することを目標としています。

「Palace《パレス》 Breakfast《ブレックファスト》」は、1日の始まりにぴったりの1杯で、アッサムとセイロンのティーガーデンの茶葉をブレンドしています。「Covent《コベント》 Garden《ガーデン》」や「Notting《ノッティング》 Hill《ヒル》」「Hyde《ハイド》 Park《パーク》 Blend《ブレンド》」「Chelsea《チェルシー》 Rose《ローズ》」のようにロンドンの地名や名所の名を冠したブレンドも人気です。

ビジネスシーンに活用できる紅茶アレンジ

紅茶はそのままでも美味しくいただけますが、それぞれの茶葉の特徴を活かしてアレンジを楽しむのもお勧めです。こちらでは、紅茶と相性の良い代表的なハーブやスパイスをご紹介します。シンプルなアレンジですので、オフィスなどビジネスシーンでも取り入れてみてください。

ただし、ハーブやスパイスは医薬品ではありませんので、治療を目的とするご紹介ではありません。

また、こちらでご紹介したハーブやスパイスなどのご使用により生じた不都合には責任を負いかねます。特に、妊娠中の方や授乳中の方、治療中の方、持病のある方などは医師にご相談ください。

ハーブ

ハーブとは、健康や美容に働きかける芳香性を持つ植物の花、葉、茎、根の部分です。ハーブは香りを楽しむものというイメージが強いかもしれませんが、ガーデニング文化が昔から身近にあったイギリスでは、古くからハーブの栽培や効能などの研究が盛んに行われてきました。民間療法の1つとして親しまれ、患部に塗ったり、マッサージに用いられたり、飲み物としてお手軽に効能を取り入れることも日常的で、生活の一部となっています。

使用する茶葉には、ケニアやキャンディ、ディンブラなど、マイルドな茶葉を選ぶとハーブの個性が引き立ちます。茶葉1杯分ごとに、ひとつまみ程度のハーブを混ぜて抽出してみましょう。

ラベンダー

【原産】地中海沿岸
【使用部分】花

【特徴】薄紫色の花を咲かせる
【主な効能】リラックス効果　不安や緊張、ストレス、イライラなどの緩和　安眠や殺菌、鎮痛、抗炎症、防虫の効果

ローズ

【原産】ヨーロッパ　西アジア
【使用部分】花
【特徴】高貴な香り　ビタミン類やポリフェノールが豊富
【主な効能】ホルモンバランスを整える　憂鬱な気分を和らげる　美肌やアンチエイジング効果

カモマイル

【原産】ヨーロッパ　北アフリカ　アジア
【使用部分】花
【特徴】黄色の丸くて小さい花を咲かせる
【主な効能】消化機能を整える　抗炎症作用　肌荒れ予防　喉の痛みの緩和　解熱

心身のリラックス　安眠効果

リンデン（和名：西洋菩提樹）

【原産】　ヨーロッパ
【使用部分】花　葉
【特徴】樹に薄黄色の小さい花を咲かせる
【主な効能】リラックス効果　不安や緊張の軽減　気持ちを落ち着かせる　鎮静効果
　頭痛や呼吸器の不調に働きかける　身体を軽くする　不眠症　ストレス解放により心地良い眠りに導く

ローズヒップ

【原産】ヨーロッパ
【使用部分】バラの果実
【特徴】レモンの20倍以上とも言われる豊富なビタミンCを含む
【主な効能】高い美肌効果　抗菌・抗ウイルス効果　疲労回復　デトックス効果　など

■ハイビスカス
【原産】アフリカ
【使用部分】萼《がく》
【特徴】鮮やかな赤色の抽出液には酸味がある。ビタミンCが豊富でアントシアニンを含む
【主な効能】疲労回復　代謝活性化　美容効果　むくみ解消　眼精疲労改善　など

■エルダーフラワー
【原産】ヨーロッパ
【使用部分】花
【特徴】白色の小さく美しい花が初夏に開花する。フルーティーな香りは「マスカットのよう」と表現される
【主な効能】風邪の初期症状の緩和　デトックス効果　美肌効果　花粉症緩和　リラックス効果　など

コーンフラワー（和名：矢車菊）

【原産】ヨーロッパ
【使用部分】花
【特徴】鮮やかな青紫色の花　香味はほとんどない　アントシアニンやフラボノイドを含む
【主な効能】眼精疲労の軽減・予防　口臭予防　抗酸化作用　消化促進　抗炎症効果など

ブルーマロウ（和名：ウスベニアオイ）

【原産】ヨーロッパ
【使用部分】花
【特徴】かすかにフローラルな香りと甘味を感じるクセのない味わい。抽出液は鮮やかな青色だが、レモンを加えるとピンク色に変わる。アントシアニンを含む
【主な効能】眼精疲労の軽減・予防　美肌効果　抗炎症作用　消化器官の粘膜保護など

ペパーミント

【原産】ヨーロッパ
【使用部分】葉
【特徴】爽やかな香り
【主な効能】消化不良や胸やけ、腹痛、胃けいれんなどの症状緩和　乗り物酔いの不快感の軽減　抗菌作用　口臭予防　鎮痛　花粉症緩和　集中力アップ　など

レモングラス

【原産】インド
【使用部分】葉
【特徴】レモンのような爽やかな香りと軽い酸味　香りの元となる芳香成分シトラールを含有　ビタミンCが豊富
【主な効能】集中力アップ　気分転換　疲労回復　抗菌・抗ウイルス作用　風邪の初期症状やインフルエンザの予防　など

ローズマリー

【原産】地中海
【使用部分】葉　茎　花
【特徴】清涼感のある香り　古くから若返りのハーブとして使われている
【主な効能】高い抗酸化作用　疲労回復　血行促進　脳の活性　集中力アップ　消化促進　など

スパイス

スパイスでは、主に乾燥した樹皮や根、果実、種子などの部分が使われます。大航海時代にインドなどで生産されたコショウやシナモンがヨーロッパに伝わったことから人気となりました。スパイスといえば辛いものというイメージを持たれがちですが、実際にはスパイスの中でも辛みのあるものは少なく、食材の臭みを消したり、殺菌や防腐に活用されたりしてきました。

身体を温めてくれるので、特に寒い季節によく使われます。アッサムやイングリッシュブレックファストブレンドなど、しっかりした茶葉を使うとバランスが取れます。

数種類のスパイスを混ぜたり、そこにミルクや砂糖を入れることでスパイスが際立ち美味しさが増します。

シナモン

【原産】インド　スリランカ

【使用部分】樹皮

【特徴】甘くエキゾチックな香り

【主な効能】消化促進　抗菌作用　発汗作用　血行促進　風邪の症状緩和　精神疲労やストレスによる無気力の緩和　など

クローブ

【原産】インドネシアのモルッカ諸島

【使用部分】開花前の蕾を乾燥させたもの

【特徴】スパイシーで刺激的な香り（香りが強いので少量から始めるのがお勧め）

【主な効能】抗菌作用　鎮痛作用　消化促進作用　など

■カルダモン
【原産】インド　スリランカ
【使用部分】実
【特徴】高貴で爽やかな香りから「スパイスの女王」と称される
【主な効能】リラックス効果　集中力アップ　抗酸化作用　血行促進　消化促進　口臭予防　など

■ジンジャー
【原産】インドなどの熱帯アジア
【使用部分】根
【特徴】生姜のスパイシーな香り
【主な効能】消化促進　血行促進　発汗作用　食欲増進　抗菌作用　など

■ブラックペッパー
【原産】インド
【使用部分】実

【特徴】爽やかな香りとピリッとした辛味
【主な効能】血行促進　抗菌作用　食欲増進　消化促進　冷え症の改善　風邪予防　など

スターアニス（別名：八角《はっかく》）

【原産】アジア
【使用部分】実
【特徴】独特の香り　星のような形状のためリースなどの装飾用にも使われる。
【主な効能】血行促進　冷え症改善　消化促進　食欲増進　抗菌作用　など

目的に合わせて楽しむ紅茶

目的に合う素材をひとつまみ茶葉に加えて淹れ、効能を取り入れてみましょう。1種類から始め、慣れてきたら香味と効能のバランスを取りながら2種類から3種類混ぜてみるのもお勧めです。茶液をカップに注いだら、フレッシュハーブを浮かべてみるのも素敵です。

・肩こり……………ラベンダー　ローズマリー　レモングラス　ジンジャー　など
・疲労回復…………ハイビスカス　ローズヒップ　ローズマリー　ジンジャー　など
・集中力アップ……ローズマリー　ペパーミント　レモングラス　など
・眠気解消…………ハイビスカス　ローズヒップ　ペパーミント　レモングラス　など
・リラックス………ラベンダー　ローズ　カモマイル　リンデン　など
・眼精疲労…………ハイビスカス　コーンフラワー　ブルーマロウ　など
・冷え症改善………カモマイル　エルダーフラワー　シナモン　ジンジャー　ブラックペッパー　など

世界の紅茶文化

紅茶は中国から世界各地へ広がり、それぞれの国や地域の気候風土や食文化、水質などに合わせて飲み方が工夫されてきました。

アイルランド

アイルランドは一人当たりの紅茶の消費量が世界トップクラスの紅茶消費大国で、イギリス同様1日中紅茶が飲まれています。ティールームだけでなく、アイリッシュパブやファストフード店などでも紅茶が飲まれます。ティーバッグで気軽に飲まれることが多く、休憩の1杯やコミュニケーションの場で楽しまれます。

チャイダンルック

チャイバルダック

トルコ

トルコは世界一のお茶消費国です。「チャイダンルック」という二段重ねのポットの上段に茶葉を入れ、下段にお水を入れます。二段重ねた状態で火にかけ蒸気で茶葉を蒸し、沸騰したらお湯を上段ポットに注ぎます。上段の濃い茶液を下段の湯で薄め、お好みで砂糖を入れます。「チャイバルダック」という細長いガラス製やクリスタル製のカップに受け皿を敷いていただくのが一般的なスタイルです。

インド

鍋で茶葉を煮出して牛乳を加えたチャイや、チャイに好みのスパイスを加えたマサラチャイが人気です。

イギリスの植民地時代、インドで生産された茶葉の中で良質のものはイギリスへ輸出され、商品にならないものだけがインドに残されたのですが、その茶葉を美味しく飲むための工夫としてチャイが生まれました。砂糖を加えると美味しさが引き立ちます。

フランス

フランス菓子と共にティーを楽しむサロン・ド・テと呼ばれるティールームや、茶葉を販売するメゾン・ド・テが人気です。

フレーバードティーが特に好まれ、イギリスで定番のブレックファストティーも、フレンチブレックファストティーも着香されたものが主流です。

アメリカ

アイスティーやティーバッグなど、自由なスタイルで紅茶が楽しまれてきました。

アイスティーは、１９０４年に開催されたセントルイス博覧会で、イギリス人のリ

サモワール

チャード・ブレチンデンが猛暑日に紅茶を冷やして提供したことからアメリカで広まりました。

ティーバッグは、20世紀初めにニューヨークで紅茶商をしていたトーマス・サリヴァンが茶葉のサンプルを絹の小袋に詰めて送ったことが好評になり、ガーゼの袋入りの紅茶の生産が始まったとされます。

ロシア

「サモワール」と呼ばれる湯沸かしポットのようなものが使われます。濃く抽出した紅茶をサモワールの湯で割り、ジャムや砂糖などを口に含みながらいただきます。

また、紅茶にレモンを浮かべて飲むのも一般的です。イギリスのヴィクトリア女王がロシア王室に嫁いだ孫娘アレクサンドラに会いにロシアをご訪問された際、レモンを入れた紅茶でもてなされ、それをお気に召した女王が「ロシアンティー」と呼んだという逸話があります。

チベット

お茶にバターを入れたバター茶が飲まれます。伝統的なスタイルでは「チャイドン」と呼ばれる腰ほどの高さがある筒に煮出したお茶を入れ、そこに塩、バター、ミルクを加え、ポットに移し温めて飲みます。寒い地域の遊牧民族ならではの工夫と濃厚な味わいです。

チャイドン
©Hung Chung Chih/
Shutterstock.com

モンゴル

乾燥地モンゴルでは、「スーテーツァイ」という塩入りミルクティーが水分と栄養補給のために飲まれます。磚茶《だんちゃ》というブロック状のお茶を削って煮出し、牛やラクダのミルクとモンゴル岩塩、バターを加えて加熱し、攪拌したものです。

北アフリカ

アルジェリアやモロッコなどでは、フレッシュミントと砂糖をたっぷり入れて煮出した「ミントティー」を飲みます。茶葉は緑茶が使われ、強い抗菌効果や爽快感あるミントで暑さ対策をしたり、糖分でエネルギーを補給します。お茶は家長が給仕し、訪問先で出されたら必ず飲むのがマナーです。

季節に合わせて楽しむ紅茶

オフィスなどでアレンジを楽しむ場合、ハーブやスパイス以外にも、常備が可能な市販のジャムやシロップ、ドライフルーツなど、お好みの素材で季節感を表すのもお勧めです。

春

桜の花の塩漬け（水洗いして塩抜きします）　桜シロップ　苺ジャム　ドライベリーメープルシロップ　ローズマリーなどのハーブ　など

イギリスで春のイベントと言えばイースターです。イースターのブレンド紅茶には、黄色やピンク、グリーンなど春らしくカラフルなハーブが多く使用されます。

また、特に外国からのゲストには桜の花を使ったおもてなしも喜ばれます。季節柄、花粉症緩和効果のあるエルダーフラワーやペパーミントなどのハーブを混ぜて抽出したり、ティーカップに旬のフルーツジャムなどを入れるのも良いでしょう。

夏

マンゴーシロップ　ドライマンゴー　桃ジャム　薔薇シロップ　アプリコットジャム　ラベンダーやミント、レモングラスなどのハーブ　炭酸水　など

暑い日には、いつもの倍の茶葉を使って濃く淹れた紅茶を炭酸水で割ると夏のおもてなしにぴったりです。グラスの縁まで氷を入れ、濃い紅茶液をグラス6分目まで注ぎ、さらに炭酸水を注ぎます。お好みで紅茶液にジャムやシロップを混ぜたり、抽出や飾り付けにハーブを使うのも素敵です。

苺の旬は、日本では春ですが、イギリスでは夏です。そのため、夏の社交行事やティータイム、街の屋台にもベリーが登場します。

秋

アップルジャム　アップルチップス　キャラメルソース　シナモン　チェスナッツ（栗）シロップ　ローズヒップなどのハーブ　など

朝晩一気に涼しくなる秋には、身体を温めてくれるスパイスが活躍し始めます。この季節のブレンドには、カカオや木の実、キャラメルフレーバーなどが使われ、ほろ苦さと温かみのあるブレンドが特徴です。旬のアップルを使った紅茶にシナモンスティックを添えるだけでも、普段のアップルティーがより秋らしくなります。

冬

スパイス　ドライオレンジスライス　など

イギリスでは、クリスマスシーズンが近づくと各ブランドからクリスマスブレンドティーが販売されます。各社ブレンドの内容は異なりますが、イギリスでクリスマスを祝い始めたヴィクトリア時代に贅沢品とされていたスパイスや柑橘系の果物のドライピールがブレンドされているのが一般的です。クリスマスの特別なご馳走という意味合いだけでなく、スパイスや柑橘系の果物には身体を温める効果や殺菌作用があるので風邪対策としても重宝されました。

また、クリスマスブレンドティーは路上や教会などでクリスマスキャロルを歌う人々にも配られました。

COLUMN ★9　フェアトレード

「フェアトレード」とは、公平で公正な貿易をすることにより、立場の弱い国の生産者や労働者を守る貿易の仕組みです。近代ヨーロッパ諸国が植民地を拡大し、現地の人々を低賃金で雇う大規模農園プランテーションは今なお続いています。発展途上国は植民地時代に、気候や環境に合うものを生産し、宗主国（植民地支配をしていた国）に輸出していました。長年同じものを生産した経験から知識が蓄積されているため、その生産物は独立後も発展途上国にとって外貨を得る重要な手段となっています。

本来、貿易は輸出国と輸入国の双方に利益があるべきですが、豊かな国は貿易によりますます豊かになり、貧しい国はいくら働いても貧しいままというアンフェアなトレードが行われているのが実情です。発展途上国で生産された商品が適正とは言えない安価で取引され、その一方で、労働者に適正な対価が支払われなかったり子供たちを長時間労働させたり、また生産効率向上のために基準値以上の農薬使用や、むやみな森林伐採など、人権問題や環境問題も起こっています。

ヨーロッパでは1960年代からフェアトレードの理念が巻き起こり、これは世界に広まりました。国際フェアトレードラベル機構は、経済的基準や社会的基準、環境的基準を主軸とするフェアトレード基準を定め、主に発展途上国の生産品の原料生産、加工、製造、輸出入に至る過程で基準が守られたフェアトレード認証製品に認定ラベルを添付しています。グローバル化が進む中で、消費者としても、国際ビジネスに携わる者としても、貿易により双方が豊かになるフェアトレードを理解することは重要と言えます。

CHAPTER ★ 6

教養人なら
知っておきたい
ティーカップ＆
ソーサーの基本

陶磁器の素材の違い

陶磁器は、土や石を捏《こ》ねて焼成したものの総称です。陶磁器は「陶器」、「磁器」、「炻器《せっき》」、「土器」の4種類に分類され、主に茶器に使われるのは陶器と磁器です。

素材とその特徴

陶磁器には、原料や焼成温度、釉薬《ゆうやく》という「うわぐすり」の使用有無など、異なる製造方法があり、それぞれが持つ性質には違いがあります。

陶器（Pottery/Ceramics）

素朴で土の質感を感じる温かみのある風合いが特徴。厚みがあり、光は通さず、弾くと「ゴン」と低くこもった鈍い音がする。

・主な原料……陶土と呼ばれる粘土
・焼き方……釉薬をかけ、800℃から1200℃で焼く
・吸水性／耐久性……あり／あり（ただし磁器のほうが強い）
・保温性…優れている

磁器（Porcelain/Chinaware）

汚れや匂いが付きにくいのが特徴で、叩くと「キン」と高く澄んだ金属音がする。

・主な原料……陶石
・焼き方……釉薬をかけて1200℃から1500℃の高温で焼き締める（ガラス化する）
・吸水性／耐久性……ほとんどなし／薄手だが堅い
・保温性……優れている（ただし陶器のほうが強い）

炻器（Stoneware）

陶器と磁器の中間のような性質を持つ。

・主な原料……陶土という粘土
・焼き方……釉薬を使わないことが多く、1200℃から1300℃ほどの温度の窯で堅く焼き締める
・吸水性／耐久性……ほとんどなし／丈夫

土器（Earthenware）

現代では、植木鉢などに使われている。
・主な原料……粘土
・焼き方……水を加えて練り固め成形したものを窯は使わず野焼きで、釉薬をかけず600℃から900℃ほどの低温で焼成される
・吸水性／耐久性……あり／あまりない

ティーボウルからティーカップへ

ティーカップの歴史

磁器は英語で〝Chinaware《チャイナウェア》〟または〝China《チャイナ》〟と言います。17世紀に中国からヨーロッパに茶が運ばれてきた時、バラスト（船のバランスを保つための積み荷）として磁器が一緒に載せられていたと伝えられています。上流階級の人々はそれまでヨーロッパで使われていた陶器と異なる繊細な磁器に魅了され、宝石のようにもてはやしました。お茶を飲むための磁器である「ティーボウル」はお茶以上に珍重され、限られた人だけが持てる富と権力の象徴となりました。

お茶が薬のように飲まれていたこの時代、中国から運ばれてきたティーボウルは非常に小さく、持ち手もなく、ソーサーも付いていませんでした。やがてティーボウルと一緒に運ばれてきた同じ絵柄のお皿を組み合わせ、茶液をティーボウルからお皿に注ぎ移して飲まれるようになりました。

上流階級での喫茶人気が高まるにつれ、ヨーロッパの陶工家たちも磁器の製造方法を解明し始めました。しかし繊細で美しい磁器に辿り着くまでには苦闘を要し、カオリンという鉱物を使ってヨーロッパで初めてドイツのマイセン窯が磁器作りを成功させたのは1709年のことでした。残念ながらイギリスではカオリンを採掘できなかったために磁器の製造はできませんでしたが、磁器に類似した白釉《はくゆう》の炻器（白い釉薬をかけて石のように堅く焼いた器）が作られるようになりました。

なお、お茶の普及と共にティーボウルのサイズは大きくなりました。

当初は中国製の磁器を模したものが作られていましたが、次第にイギリス独自のデザインのものも作られるようになりました。18世紀半ばには、牛の骨を焼いたボーンアッシュを混ぜて焼くボーンチャイナが開発され、その後次々とイギリス産の陶磁器が作られるようになりました。

18世紀半ば、ロバート・アダムズという紳士がティーボウルに持ち手を付けることを提案し、現在使用されているような「ティーカップ」が登場し始めました。持ち手が付いたことによりティーボウルで指を火傷する心配がなくなり、またティーカップから直接お茶を飲むスタイルへと変わりました。

ティーカップの形状

カップには紅茶用のティーカップやコーヒー用のコーヒーカップなどがあり、それぞれの美味しさを楽しむための形状になっています。

コーヒーカップは、厚手で飲み口が狭く、筒状でカップの背が高いのが特徴です。コーヒーは80℃から95℃ほどで淹れますが、厚手で飲み口を狭くすることで冷めにくいように保温するためとされます。また、筒状にすることで香りが逃げないようにもなっています。

ティーカップは、飲み口が広く、薄手でカップの背が低いのが特徴です。飲み口が広いことで、紅茶の華やかな香りが広がりやすくなっています。

また、紅茶を淹れる際は沸騰直前の熱湯を使いますが、飲みやすいように紅茶の熱を素早く逃がして適温まで下げられる形状になっています。

また、ティーカップには内側にデザインが施されているものも多いのですが、これは紅茶を注いだカップの内側に、澄んだ紅茶液に映る絵柄を視覚で楽しめるようにデザインされているものです。

さらに、ティーカップの中にも様々な形状があります。舌には1万に及ぶ味の受容体があり、甘味や酸味、塩味、苦味、旨味の5つの味覚をそれぞれ舌の異なる部位が強く感じ取り、脳に指令を送り、脳がその指令を統合するとされています。ティーカップの形状の違いによって紅茶液が口に流れ込む角度が異なるので、受容体が強く感じ取る味覚が変わるために味の感じ方に影響を与えます。

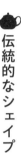

ティーカップの基本パーツの呼び方

・シェイプ……全体の形状
・ハンドル……持ち手
・リム……カップの縁、飲み口
・フット……カップの底の台

伝統的なシェイプ

ワイングラスの形状の違いがワインの味を左右するように、紅茶の香味の感じ方もティーカップの形状で異なります。

ピオニーシェイプ

ピオニーシェイプは、リムがピオニー（芍薬《しゃくやく》）のように広がったティーカップの形状です。ピオニーの花が開いたような優雅で緩やかなラインが、紅茶の繊細な香りを豊かに広げてくれます。唇に沿うようなリムは口当たりが良く、カップは少し傾けた角度でゆっくりと茶液が口に流れてきます。カップの背が低いため、茶液の色の透明感を堪能できるのも魅力です。

ヴィクトリアシェイプ

ヴィクトリアシェイプは、背はやや高く、リムは広く、中央で一旦くびれ底に向かって再び膨らむティーカップの形状で、「モントローズシェイプ」とも呼ばれます。リムの広がりは淹れ立ての熱い紅茶を飲みやすい適温に下げ、中心部のくびれは紅茶が早く冷めすぎるのを防いでくれます。

リーシェイプ

リーシェイプは、コーヒー・紅茶兼用のカップです。どちらにも使えるバランスの良さと、オーソドックスで飽きのこない形状が人気を得ています。

茶器の揃え方

洋食器は、通常偶数のセットで揃えます。その理由には諸説ありますが、昔も現在も、欧米ではパーティーにはパートナー同伴で出席することが多いことから食器のセットも偶数が基本とされているようです。

また、昔はパーティーを開くことは富の象徴で、大勢で食事をすることがステータスとされたことから、6客、8客、12客、24客、またはそれ以上で揃えられてきました。

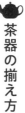

一方、和食器は5客セットにされるのが一般的です。こちらも諸説あり、核家族化が進み四人家族の家庭が多くなったため、割れてしまった時の予備として1客を加えた5客セットが主流になったとされています。

また、ひな祭りや端午の節句、婚礼のご祝儀にも見られるように、奇数は割れないので縁起が良いとされたためとも言われています。

いずれも古い習慣からきていることなので、現代では基本を知ったうえで、おもてなしをする部屋の大きさや、おもてなしスタイルによってセット数を決めると良いでしょう。

また、部屋のインテリアに調和するデザインを選ぶなど、使用目的に合わせて選ぶのがお勧めです。

イギリスの主な陶磁器メーカー

イギリスには紅茶メーカーが数多くあるように、世界的に有名な陶磁器メーカーも誕生しました。ティーカップの歴史は紅茶の歴史と共にあり、英国王室とゆかりのあるメーカーも多くあります。閉窯してしまったメーカーもありますが、その人気は根強くヴィンテージアイテムとして流通し続けています。

Royal Crown Derby（ロイヤルクラウンダービー）

１７５０年に、フランス人のアンドリュー・プランシェによって設立されました。１７７０年頃に佐賀県の伊万里様式を取り入れた「Imari《イマリ》」を発表し、貴族の間に一大東洋ブームを巻き起こしました。１７７５年にジョージ3世からクラウンの称号を受け、１８９０年にはヴィクトリア女王よりロイヤルの名を賜り、イギリスで唯一ロイヤルとクラウンの両方を許されました。ダイアナ妃もお気に入りでいらっしゃり、チャールズ皇太子との婚礼晩餐会の引き出物に選ばれました。

また、豪華客船「タイタニック」のファーストクラスのダイニングルームで使用されたロイヤルクラウンダービーの磁器は、100周年を記念して「Titanic」パターンとして再販売されています。

【代表作】Old Imari, Royal antoinette, Titanic

Royal Worcester（ロイヤルウースター）

ウースターを拠点とする磁器メーカーです。1751年に創業し、1789年に国王ジョージ3世よりイギリスの陶磁器メーカーとして初のロイヤルワラントを授与されました。2008年に閉窯し、2009年にポートメイリオン社の傘下に入りました。

【代表作】Painted fruit, Evesham gold

Wedgwood（ウェッジウッド）

「イギリスの陶工の父」と称されたジョサイア・ウェッジウッドが1759年に創設しました。ウェッジウッドの名作の1つ「クリームウエア」は、ジョージ3世の王妃シャーロットを魅了しました。これは「クイーンズウエア」の名が与えられ、また1766年には〝Potter to Her Majesty〟《女王陛下の陶工》と拝命されました。

2009年に経営破綻し、WWRD Holdings Ltd（Wedgwood, Waterford Crystal, Royal Doultonを所有）に買収されました。

【代表作】Jasper ware, Wild strawberry, Ribbons and Roses

Spode（スポード）

1770年、ジョサイア・スポードによって設立されました。銅版転写による下絵付けの技術を開発し、スポードの代名詞とも言えるブルー&ホワイトを誕生させました。1806年にはウェールズ皇太子（後のジョージ4世）よりロイヤルワラントを授与され、「ピーターラビット」の作者ビアトリクス・ポターも愛用していました。２００８年に経営破綻し、その後ポートメイリオン社の傘下に入り「スポード」のブランド名が引き継がれました。

【代表作】Blue Italian, Blue room, Geranium, Trapnell sprays

Aynsley（エンズレイ）

１７７５年に炭鉱経営者のジョン・エンズレイがストーク・オン・トレント（イングランドのミッドランド西部）に設立しました。透かし模様と金彩が施された優美な磁器は、美しいボーンチャイナの代名詞となり、ヴィクトリア女王、エリザベス女王、チャールズ国王など英国王室メンバーに愛されました。ダイアナ元妃との婚礼時にも陶花が来賓客へ贈られました。

【代表作】Cottage Garden, Orchard gold, English violet

Minton（ミントン）

１７９３年、銅版彫刻家のトーマス・ミントンがストーク・オン・トレントに創業しました。鳥の図柄を施した「Exotic Bird」をヴィクトリア女王より受注し、ロイヤルワラントを賜りました。

また、中世の時代にダービーシャーに建てられたハドンホール城の礼拝堂に掛かるタペストリーの模様からデザインされた「ハドンホール」は、ミントンを世界に広める代表作となりました。１９６８年にロイヤルドルトン社に吸収合併され、現在はロイヤルドルトン社がWWRD Holdings Ltdの傘下に入り、ミントンはブランド廃止となりました。

【代表作】Exotic Bird, Haddon hall, Persian rose

Royal Doulton（ロイヤルドルトン）

１８１５年、ジョン・ドルトンが創設しました。２代目ヘンリー・ドルトンは、蒸気機関のろくろを取り入れ、工場の生産効率を高めました。1851年の大英博覧会でヴィクトリア女王より注文を賜り、1887年「ナイト」の称号を授与され、また1901年にエドワード7世より英国王室御用達を与えられ、「ロイヤル」を冠することを許されました。

【代表作】Centennial rose, Floradona, Exotic bird, Baroness

Royal Albert（ロイヤルアルバート）

1896年、トーマス・ワイルドと息子のトーマス・クラーク・ワイルドが、ストーク・オン・トレントに創業しました。ブランド名は、ヴィクトリア女王の夫アルバート公にちなんで付けられました。1897年、ヴィクトリア女王即位60周年の記念品を製作し、1904年に「ロイヤル」の称号を賜りました。1962年に発表した「オールド・カントリー・ローズ」は販売数1億セット以上に及び、世界一売れたティーカップと言われます。

1971年、ロイヤルドルトンに吸収合併されました。

【代表作】Old country roses, Moonlight rose, Lady Carlyle

Paragon（パラゴン）

１８９７年、エンズレイ創業者のひ孫ハーバード・エインズレイとヒュー・アービングが「スターチャイナ」を創業し、販売促進のために「完璧な作品」を意味する「パラゴン」を商品名として用いました。パラゴンの知名度が上昇すると、１９１９年に社名を「パラゴンチャイナ」と変えました。１９２６年、エリザベス王女（後のエリザベス女王）の誕生を記念して「ツーフォージョイ」というデザインを発表しました。１９３０年にエリザベス王女の妹マーガレット・ローズ王女が誕生した際にもヨーク公爵夫人（エリザベス王女の母）より「プリンセス・マーガレット・ローズ」を受注しました。１９３３年にメアリー王妃（エリザベス王女の祖母）より「ロイヤルワラント」を与えられました。

１９６０年代、ロイヤル・ドルトンに吸収され、１９９１年には製造が終了してしまいました。

【代表作】Tree of Kashmir, Rockingham, Two for joy, Princess Margaret Rose

Coalport（コールポート）

コールポートはシュロップシャー州にある村で、イギリス最長の川セヴァーン川のほとりにあります。18世紀末にはローマ時代から続く陶器の生産地として知られ、川の合流点で運河から船に石炭が移されたため「コールポート」と呼ばれました。1790年代にジョン・ローズが創設し、1845年にはヴィクトリア女王からロシア皇帝ニコライ1世へ贈答する器を製作しました。

1924年にコールドン社に、1967年にはウェッジウッド社に買収され、1986年に製造終了となりました。

【代表作】Indian tree, Batwing, Somerset

Shelley（シェリー）

1860年頃、スタッフォードシャーにあるロングトンとフェントンの間にあった「フォーリー」が前身です。所有者のワイルマン家が高級陶磁器を作り始め、

１９２５年に「シェリー」と改名しました。１８９６年にデザインされた「デインティ・シェイプ」はシェリーを代表するカップの形状です。

１９６６年にアライド・ポタリーズに売却され、閉窯しました。

【代表作】Blue Rock, Bridal Rose, Rose Pansy, Forget me not

Hammersley（ハマースレイ）

１８８７年にストーク・オン・トレントで誕生しました。前身は１８６２年に創業した Adams, Scrivener & Co（「& Co」は Titus Hammersley《ティタス・ハマースレイ》）です。ロバート・ジョージ・スクリブナーが引退後、ティタス・ハマースレイが後任となりました。１８７５年にティタス・ハマースレイが亡くなると息子のジョージに引き継がれ、１８８７年に「ハマースレイ」を創業したのです。イギリスらしい花をメインとしたデザインと優雅な曲線のボーンチャイナが人気です。

１９６６年にスポードグループの傘下となりました。

【代表作】Dresden sprays, Victorian violets, Howard sprays

Cauldon（コウルドン）

1836年に創業した「リッジウェイ」が始まりです。社名をブラウン－ウェストヘッドムーア社に、そしてコウルドンにと度々変更しています。「コウルドン」とはスタッフォードシャーにある地名で、創業時代から続く工場のあった場所です。

英国王室御用達の窯として19世紀末に人気を博しましたが、1962年に閉窯し、ブランド名と営業権はブリストルのPountney & Co. Ltdに買収されました。

【代表作】Victoria, Blue Dragon

Emma Bridgewater（エマ・ブリッジウォーター）

1985年にエマ・ライス氏（旧姓ブリッジウォーター）が設立しました。創業者のエマ氏はお母様への贈り物にカップとソーサーを探していましたが、理想的なものが見つからなかったため「自分で食器を作ろう」と考えたのが創業のきっかけです。

エマ氏がスポンジスタンプを使って作る「スポンジウエア」と、夫マシューさんが伝統的な技法で描く鳥などのイギリスらしい「Birdsシリーズ」が人気です。ガーデニングやカントリーライフへの愛情が溢れているうえ、絵付けが手作業なので1つひとつの絵柄が微妙に異なるのも魅力です。多くのイギリス人女性を虜にしており、キャサリン妃もそのお一人で、工場を訪れて絵付け体験をされたことも有名です。

【代表作】Polka dot, Pink hearts

Burleigh（バーレイ）

1851年、フレドリック・ラスボーン・バージェスとウィリアム・レイがストーク・オン・トレントで創業しました。当初は「バージェス・アンド・レイ」でしたが、略して「バーレイ」となりました。現在でも古いレンガ造りの工場で生産され、敷地内にはヴィクトリア時代に建設された窯が一機残されています。200年前に誕生した銅版転写による製法を用いて職人たちが手作りで陶器を製造し、昔ながらのデザインが変わらず定番の人気アイテムとなっています。

工場の老朽化が進んでいましたが、2014年にチャールズ皇太子が財団を務める「プリンス・トラスト」のサポートにより修繕されました。

【代表作】Calico, Asiatic Pheasants, Arden

Column★10　ムスタッシュカップ

「ムスタッシュカップ」とは、口髭を生やした男性のために作られたカップのことです。ヴィクトリア女王の夫アルバート公が口髭を生やしていたことから、ヴィクトリア時代の上流階級の紳士たちの間で口髭を生やすことが流行しました。口髭は「紳士の証」とされ、やがて労働者階級の男性にまで浸透しました。

紳士たちは女性のアフタヌーンティーにも同席しましたが、この「紳士の証」はティータイムには困った存在でした。大切な口髭を汚さずに紅茶を飲むために作られたのがムスタッシュカップです。実に英国紳士らしいカップですが、柄は女性用のティーカップと同じ花柄などが多く、そのギャップも魅力です。上流階級社会で愛用されるハンドペイントの磁器や労働者階級社会の日常使いに使用されるマグカップなど、様々な形状のものが作られました。日本でも明治から大正に作られていたことがあります。

ムスタッシュカップ

ストーク・オン・トレント

COLUMN★11　ストーク・オン・トレント

「ストーク・オン・トレント」は、イギリスのスタッフォードシャーにある陶器の町として知られます。ロンドンから北西へ約260キロメートル離れたマンチェスターとバーミンガムの間に位置し、陶土と燃料の石灰に恵まれ、17世紀より陶器産業で発展しました。町を囲むように運河が流れ、多くの陶器が船に載せられリバプールへと運ばれていきました。

窯元はストーク・オン・トレントの広範囲に点在し、ワールドオブウェッジウッド（ウェッジウッド）、ミドルポート・ポタリー（バーレイ）、エマ・ブリッジウォーター、スポードワークスビジターセンター（スポード）、ポートメリロン・エインズレイなどが集まっています。ファクトリーショップでのお買い物はもちろん、工場見学や陶器博物館、絵付け体験、アフタヌーンティーなど、施設が充実しています。

1日では足りないという方にお勧めしたいのが、ウェッジウッド家の邸宅を改装したホテル「ジ・アッパーハウス」です。ウェッジウッドの創業者ジョサイア・ウェッジウッドの孫フランシス・ウェッジウッドが所有していた館で、ジャスパーウェアなどの陶器が飾られています。ストーク・オン・トレントの中心地から車で10分から15分ほど離れたバーラストンの丘の上にあり、イギリスの田舎の風景を見渡すことができます。

おわりに

この本は、私にとって初めての著書です。人生プランの中に「書籍執筆」という文字はまるでなかったのですが、世の中いつ何が起こるか分かりません。コロナ禍も同じです。それまでは忙しく世界を飛び回る生活を送っており、目が覚めた時に、自宅なのかイギリス国外のホテルなのか一瞬分からない時があるほどでした。その合間に時間を見つけては紅茶などイギリス文化の自主研究をこつこつと続けていたのですが、コロナ禍が始まると、様々な規制によりそれまでの活動はできなくなりました。そんな中、今回の執筆のお話をいただきました。有難いお話ではありますが、すぐには決断をすることができませんでした。しかし、自分の望んでいたものであってもそうでなくても、続けてきたことが何年も後に実がなり思わぬところで助けになってくれるということは誰にでも起こり得ることです。それが私にとって今回は「紅茶」だったのです。未熟な私にお声かけくださり、貴重な機会をいただけたからには、「いつまでも迷っている場合ではない」と覚悟を決めることができました。打合せ開始時よりご丁寧にお導きくださった、あさ出版の吉盛様に感謝いたします。

紅茶や、紅茶に関連する多くのことを学ぶにあたり、ロンドン市内からカントリーサイドに至るまで、長い年月をかけて巡ってまいりました。詳しくお話しくださった歴史的施設のボランティアスタッフの方々や、現地で偶然出会い親切に応えてくださったお散歩中の方々にも心から感謝いたします。私の活動にご同行いただいた友人の中にはすでに日本に本帰国してしまった方もいらっしゃいます。18年の間、一体何人の知人が帰国したか知れません。何度経験してもその寂しさに慣れることはありませんが、共に過ごした時間を1つひとつを思い出すと心が温まり、記憶の横にはいつも必ず「紅茶」があるのです。ティータイムは、ただ単に喉の渇きが潤えばよいというものではありません。大切な人と時間を共にしたり、ご自身と向き合う時間こそが、「英国流ティータイム」なのだと感じます。一人の時間も、誰かと共に過ごす時間も、嬉しい時間も、悲しむ方を励ます時間も、華やかなお茶会も、日常の素朴な一服のお茶も、そのティータイムがどのようなシーンであっても、お出しする1杯の紅茶は、心を込めて丁寧に淹れられた紅茶でありますように。

そして何よりも、幼少期より私の好奇心を温かく見守り、日本から遠く離れたイギリスへ快く送り出してくれた両親へ、最大限の感謝の気持ちを贈ります。

Jamaica Wine house
Lloyds Bank
Westminster Abbey
The Palace of HolyroodHouse
Windsor Castle
Kensington Palace
TWININGS
Vauxhall Pleasure Gardens
The East India Company
Woburn Abbey
Cutty Sark
Royal Observatory, Greenwich

- CHAPTER 3

Tregothnan

- CHAPTER 4

Royal Warrant Holders Association
Firmin & Sons
Buckingham Palace
Savile Row
Henry Poole
Gieves & Hawkes
H. HUNTSMAN & SONS
Jermyn Street
Turnbull & Asser
Piccadilly Arcade
Budd
New & Lingwood
Burlington Arcade
Crockett & Jones
Globe & Trotter
N. Peal
Bollinger
Cliveden House

- CHAPTER5

Royal Society of Chemistry (RSC)
University College London (UCL)
Wedgwood
Harrods
Bewley's
Ridgways
Tetley
Williamson Tea
PG Tips
Taylors Of Harrogate
Whittard Of Chelsea
Lipton
Clipper
AHMAD TEA
TEA PALACE

- CHAPTER 6

Meissen
Royal Crown Derby
Royal Worcester
Spode
Aynsley
Minton
Royal Doulton
Royal Albert
Paragon
Coalport
Shelley
Hammersley
Cauldon
Emma Bridgewater
Burleigh
Stoke-on-Trent

【参考資料】

参考文献

William. H. Ukers, ALL ABOUT TEA (Martino Pub, 2007).
Laura C. Martin, A History of Tea, The Life and Times of the World's Favorite Beverage (Tuttle Publishing, 2018).
Markman Ellis, The coffee House, A cultural History (Phoenix, 2005).
Joseph Wesley Uhl, THE ART AND CRAFT OF TEA: An Enthusiast's Guide to Selecting, Brewing, and Serving Exquisite Tea (Quarry Books, 2015).
Royal Museums Greenwich, Cutty Sark Souvenir Guide (The Cutty Sark Trust, 2012).
Plantagenet Somerset Fry, KINGS & QUEENS of ENGLAND & SCOTLAND (DK, 2011).
Helen Simpson, THE LONDON RITZ BOOK OF AFTERNOON TEA: The Art & Pleasures of Taking Tea (Arbor House Publishing, 1986).

参考にした Web サイト

・UK Tea & Infusions Association　https://www.tea.co.uk

・Fairtrade International　https://www.fairtrade.net

・Great Taste　https://greattasteawards.co.uk

・Museum of London Docklands　https://www.museumoflondon.org.uk

・National Trust　https://www.nationaltrust.org.uk

・The Law Support Group　https://www.lawsupport.co.uk/blog/view/79/index3/tea-breaks

・The Potteries　http://thepotteries.org/

登場したブランド・施設など

・CHAPTER 1
Fortnum & Mason
The institute of Physics（IOP）
McVitie's
RHS Chelsea Flower Show
Royal Ascot Race Meeting
The Championship, Wimbledon
Henley Royal Regatta
The Waldorf Hilton London
Sotheby's
Christie's

・CHAPTER 2
London Stock Exchange

著者紹介

花井草苗（はない・さなえ）

イギリス在住

学生時に、イギリス文学専攻。文学を通しイギリスの文化に触れる。

20代前半はCMやテレビ等で活動し、"伝える"事を学んだ。20代半ばになると、広い世界に興味を持ち航空会社に転職。

2005年にイギリスへ移住し、イギリスの文化を学ぶ。2006年にロンドンを拠点に国際線CAとして乗務開始。ファーストクラスでの乗務を開始以来、王族、世界的企業のトップなどをアテンドした経験から、プロトコールマナーへの興味を深める。

イギリスの国際プロフェッショナルアロマセラピスト連盟（IFPA）で植物の特性や紅茶とハーブの融合を学ぶ。イギリスの上流階級社会に御身を置かれるご夫妻より直々にプロトコールマナーを教わる。

イギリスの格式高い舞踏会や晩餐会などのパーティーにお招きいただいたり、英国王室主催の社交行事に多数出席したりする。

- インスタグラム：https://www.instagram.com/sanae.hanai.official/
（@sanae.hanai.official）
- ホームページ：https://www.victorian-garden-uk.com/

イラスト　高橋ポルチーナ
校正　東京出版サービス

ビジネスエリートが知《し》っている
教養《きょうよう》としての紅茶《こうちゃ》　〈検印省略〉

2023年 2 月 13 日 第 1 刷発行

著　者――花井 草苗（はない・さなえ）
発行者――田賀井 弘毅
発行所――株式会社あさ出版
〒171-0022 東京都豊島区南池袋 2-9-9 第一池袋ホワイトビル 6F
電　話　03（3983）3225（販売）
　　　　03（3983）3227（編集）
F A X　03（3983）3226
U R L　http://www.asa21.com/
E-mail　info@asa21.com
印刷・製本　神谷印刷（株）

note　http://note.com/asapublishing/
facebook　http://www.facebook.com/asapublishing
twitter　http://twitter.com/asapublishing

©Sanae Hanai 2023 Printed in Japan

ISBN978-4-86667-431-5 C2034

本書を無断で複写複製（電子化を含む）することは、著作権法上の例外を除き、禁じられています。また、本書を代行業者等の第三者に依頼してスキャンやデジタル化することは、たとえ個人や家庭内の利用であっても一切認められていません。乱丁本・落丁本はお取替え致します。